KB122847

[알 림]

이 책(책 쓰기 수업 교재 1탄, 2탄)은 대한민국 넘버원 책 쓰기 독서법 학교 김병완 칼리지의 시즌 5 책 쓰기 수업 교재로 제작한 책입니다. 책 내용 중에는 지난 10년간 저자가 쓴 100권의 책 중에서 일부 발췌한 내용이 그대로 포함되어 있음을 사전에 알려 드립니다.

책 쓰기 학교 수업 교재 2탄

책 쓰는 법
누구보다 쉽게

P.R.O.L.O.G.U.E

책 쓰기! 선택도 혁명도 아닌 필수!

"책 쓰기! 이제 선택도 혁명도 아니라 필수다."

"책 쓰기 대중화 시대, 이제 생존 책 쓰기다."

작가!

생각만 해도 가슴이 떨리는 그런 단어이자 동시에 그런 직업이 아닐 수 없다. 맞다.

그런데 이것보다 더 가슴 떨리는 경우가 있다.

바로 당신이 그런 작가라면 어떨까? 당신이 바로 그런 가슴 떨리게 하는 작가가 실제로 된다면 어떨까?

한 가지 분명한 사실은 작가가 되는 책 쓰기는 당신과 당신의 인생을 송두리째 바꾸어 놓을 수 있을 만큼 강력한 힘을 가지고 있다는 사실일 것이다.

이 책의 결론은 글쓰기를 통해서 누구나 인생 혁명이 가능하다는 사실을 말하고자 함이 아니다. 이 책의 핵심 주제는 "가장 쉽게 책을 쓰는 법"이다.

이제는 책 쓰기가 선택이 아닌 필수이기 때문이다. 이제 책 쓰기는 혁명이 아니다. 책 쓰기가 혁명인 시대는 이미 지났기 때문이다. 책 쓰기는 필수가 되었다. 그러므로 당신도 해야 한다.

하거나 아니면 망하거나! 둘 중 하나다. 다른 사잇길은 없다. 그것이 냉정한 현실이다.

"글쓰기는 생존하고 추구하고 극복하고 이겨내고 성공하고 무엇보다 행복해지기 위해 반드시 해야 하는 일이 되었다."

지난 10년 동안 책 쓰기와 글쓰기에 관한 수많은 책을 읽었고, 또 직접 쓰기도 했다. 그리고 내가 쓴 책들에서 이런 이야기를 많이 했다.

> "'작가가 된다는 것은 무에서 유를 창조해 낸다는 것'이다. 당신이 책을 한 권 썼다는 것은 단순하게 글을 쓴 것이 아니라 무엇인가를 만들어 이 세상에 남겼다는 것이다. 그것도 당신의 이름을 걸고 말이다. 그런 점에서 작가가 되는 것은 결국 무엇인가를 세상에 당당히 만들어 보여

주는 것이다. 그렇다면 그 무엇인가의 주체는 누구일까? 바로 당신이다. 작가가 된다는 것은 당신을 이 세상에 당당하게 보여 주는 것이다."

– <7주 만에 작가 되기>

하지만 이 말은 틀렸다. 아니 내가 틀린 것이 아니라 시대가 급변했다는 말이다. 이제는 작가가 된다는 것은 일상을 살아간다는 말과 다를 바 없는 이야기가 되었다.

왜 결혼을 했습니까? 왜 아이를 낳았습니까?

결혼하고 아이를 낳은 부모들에게 이런 질문을 하면 어떻게 반응할까?

당신은 왜 아이를 낳았는가? 코로나 시대처럼 아이를 키우기도 힘든 이 시대에 왜 굳이 하필 아이를 낳았는가?

답변은 자명하다. 아이를 낳고 후손을 번성시키는 것이 우리의 생존의 이유이며 삶의 의미이며 가치이기 때문이다.

책 쓰기도 이제 마찬가지가 되었다. 책 쓰기는 결혼이 아니다. 결혼은 선택, 연애는 필수라면, 책 쓰기는 이제 결혼이라는 것에서 연애라는 것으로 옮겨졌다.

이젠 책 쓰기 필수의 시대다. 그렇다면 누가 빨리 쉽게 책을 쓸 수 있냐는 굉장히 중요한 문제이며 숙제일 것이다. 이 책의 독자들은 이 책을 읽으면 책 쓰기가 좀 더 빨라지고 쉬워질 것이라고 확신한다.

8년 동안 500명을 직접 책 쓰기를 가르친 책 쓰기 학교 교장의 실제 책 쓰기 수업 교재와 내용이 하나도 빠지지 않고 고스란히 담겨 있다. 그러므로 이 책은 소장 가치가 분명하다. 이 책을 통해 많은 이들이 책 쓰기를 훨씬 더 '쉽게', '빨리' 할 수 있게 되기를 진심으로 바란다.

10년 동안 책 한 권을 쓰는 것보다 100일 만에 책 한 권을 쓰는 것이 더 현명한 방법이다. 가성비가 많이 들기 때문이다. 현대는 후자를 원한다.

당신과 다르다고 해서 무조건 틀린 것도 아니고, 당신과 스타일이 바르다고 해서 무조건 정답도 아니다. 다름은 틀림이 아니다. 각자 다른 방식과 스타일을 고집할 수 있다.

이 책은 쉽게 책을 쓰고 싶은 사람에게 유익한 책이다. 어렵게 책을 쓰고 싶은 사람은 이 책이 큰 도움을 주지 못할지도 모르지만, 책 쓰기에 대한 다양한 생각과 의식과 방법이 있다는 사실에 대해서는 일깨워 줄 수 있을 것이다.

또, 이 책은 책을 어렵게 써야 한다는 편견을 가지고 있는 사람들을 위한 책이다. 책을 좀 더 쉽게 더 쉽게 쓰고자 하는 이들을 위한 책이기도 하다. 쉽게 쓰는 길이 바른길이다. 그것을 조금 일깨워 주고, 도움을 주고자 한다. 책 쓰기가 그렇게 힘들고 어려운 것이 절대 아니라는 사실을 꼭 전하고 싶다. 쉽게 쓰는 사람이 고수고, 그런 사람이 책 쓰기의 즐거움을 누릴 수 있다.

고통받으면서 쓰는 사람과 즐겁게 기쁨을 누리면서 쓰는 사람이 있다. 당신은 어떤 부류의 사람인가? 바로 쉽게 쓰느냐, 힘들게 어렵게 쓰느냐는 작가에게 오롯이 달려 있다. 같은 값이면 즐겁게 쓰는 것이 어렵게 힘들게 쓰는 것보다 백 배 더 좋은 길이고 바른길이 아닐까?

우리가 성공하고 부자가 되려고 하는 이유도 바로 좀 더 쉽게 편하게 살기 위해서 아닌가? 솔직해지자. 책 쓰기도 좀 더 쉽게 하면 어떨까?

쉽게 쓰는 것이 잘 쓰는 것이다.
쉽게 쓰는 것이 제대로 쓰는 것이다.
책 쓰기 고수는 쉽게 쓴다.
쉽게 써야 오래오래 쓸 수 있다.
쉽게 쓴 책이 오랫동안 사랑받는다.
독자들은 어려운 것을 가장 싫어한다.
쉽게 써야 독자들이 읽는다.
쉽게 써야 베스트셀러가 된다.

_ 대한민국 넘버원 책 쓰기 독서법 학교 김병완 칼리지 교장 **김병완**

LIST

프롤로그

제1장

누구보다 쉽게 책을 쓰는 의식혁명

제2장

책 쓰기 고수는 쉽게 쓴다

제3장

책 쓰기! 쉽게 쓰거나 망하거나!

제 4 장

책 쓰기, 당신도 쉽게 할 수 있다

제 5 장

부 록

부 록 2

인생을 바꾸는 것은 읽기뿐만 아니라 쓰기도 마찬가지다.
오히려 책 쓰기는 읽기보다 열 배 더 강하다.
책 읽기가 나를 성장시켰다면, 책 쓰기는 내 인생을
송두리째 바꾸었다고 자신 있게 말할 수 있다.

– <김병완의 책 쓰기 혁명> 중

제1장

누구보다 쉽게 책을 쓰는 의식혁명

너무 잘 쓰려고 하지 마라

누구보다 쉽게 책을 쓰기 위해서 바꾸어야 할 것은 기교나 솜씨가 아니라 의식이다. 바꾸어야 할 작가의 의식은 바로 너무 잘 쓰려고 하는 마음이다. 일단 너무 잘 쓰려고 하면 인간은 간사하므로 한 문장도 쓸 수 없다.

작가라면 누구나 슬럼프를 경험하는 이유가 바로 이 때문이다. 이 말을 거꾸로 하면, 너무 잘 쓰려고 하는 마음만 잘 관리할 수 있으면 그 사람은 평생 슬럼프를 겪지 않고 집필 활동을 할 수 있다는 말이다.

너무 잘 쓰려고 하면 부담감이 우리를 압도하기 때문에 한 문장 한 문장을 써 내려가는 것이 바늘방석이다. 이런 환경에서 그 어떤 사람도 집필을 즐길 수 없다. 그래서 오히려 너무 잘 쓰려고 하지 않을 때, 진정 오롯이 책 쓰기를 즐길 수 있다.

즐기면, 모든 것이 달라진다. 책 쓰기를 할 때 부담감을 가지고 긴장

상태에서 하는 것과 즐기면서 하는 것은 몸의 상태부터 달라질 뿐만 아니라 정신 활동까지도 격차가 생긴다.

당신이 책 쓰기를 즐길 수 있게 된다면 고수가 될 확률은 굉장히 높다. 책 쓰기를 즐겨라! 그것이 누구보다 쉽게 책을 쓰는 방법이다.

책 쓰기를 시작하기도 전, 제풀에 꺾여 포기하는 사람 중 십중팔구는 부담감 때문이다.

-‘내가 과연 책을 쓰면 누가 읽어 줄까?’

-‘내가 쓴 책이 욕을 먹으면 어떻게 할까?’

-‘내 책이 형편없다고 평가를 받으면 어떻게 할까?’

이 모든 생각은 기우에 불과하다. 왜냐하면, 책을 한 권 쓴 사람과 한 권의 책도 쓰지 않은 사람은 일단 그것만으로도 차원이 다르고, 수준이 다르기 때문이다

책을 쓴 사람은 쓰지 않은 사람보다 더 성장하고 발전했다고 볼 수 있다. 확실하다. 아무리 많은 독서를 했어도, 같은 기간 동안 한 권의 책을 쓴 것보다 못하기 때문이다. 필자가 독서도 누구보다 많이 했고, 책 쓰기도 누구보다 많이 했기에 잘 알고 있다.

그러므로 오늘부터 당장 책 쓰기 시작하라. 책 쓰기는 이제 더는 혁명도, 선택도 아니다. 필수이고 생존이다.

단 한 가지 주제만 쓰라

누구보다 쉽게 책을 쓰기 위해서는 주제 선정이 중요하다. 많은 초보 작가들이 실수하는 것이 있다면, 주제 선정이다. 너무 많은 주제를 선정하고 너무 많이 쓰려고 한다. 여기서부터 문제가 생긴다.

책을 쓸 때, 누구보다 쉽게 쓰고 싶다면, 주제는 반드시 단 한 가지여야 한다. 단 한 가지 주제만 놓고 책을 쓰면 누구보다 쉽게 책을 쓸 수 있다. 하지만 잘 관찰해 보면, 많은 작가가 책을 쓸 때 많은 주제를 다루려 한다.

어떤 작가들은 책을 쓰면서 주제를 수시로 바꾼다. 이럴 때는 절대로 책을 쉽게 쓸 수 없을 뿐만 아니라 잘 쓸 수도 없다. 단 한 가지 명확한 주제에 관해서만 책을 쓰면, 생각보다 쉽게 쓸 수 있다.

왜 한 가지 주제로 쓸 때와 다양한 주제로 쓸 때 차이가 발생할까? 한 가지 주제에 관해 책을 쓰면 선택과 집중의 효과가 발생한다. 인간은 다양한 것을 한 번에 하는 것보다 선택해서 집중할 때 더 잘할 수 있고, 쉽게 해낼 수 있다.

이는 분업화의 원리와 같다. 산업 혁명이 가능했던 것도 많은 사람이 분업을 통해 엄청나게 많은 양의 물건을 짧은 시간에 쉽게 만들어 낼 수 있었기 때문이다. 책을 쓸 때 한 가지 주제에 관해서만 책을 쓴다는 것을 책 쓰기의 분업화와 같다.

많은 주제에 관해 책을 쓰면, 혼자서 어떤 물건을 만들 때 분업을 하지 않고 처음부터 끝까지 다 만드는 것과 같다. 이럴 때 당연히 모든 과정에 숙달해야 하고, 할 수 있어야 해서, 당연히 어려워지고, 느려지는 것이다.

즉, 책 쓰기를 분업화를 하는 것이 쉽게 책을 쓰는 방법이다. 단 한 가지 주제에 대해서만 쓴다는 것은 단 한 가지 작업만 하면 되지만, 여러 가지 주제를 쓴다는 것은 여러 가지 주제에 숙달해야 하고, 여러 가지 작업을 해야 한다.

책 쓰기를 할 때도 선택과 집중이 필요하다. 한 가지 주제를 선택하고, 그것에만 집중하면 책 쓰기가 훨씬 더 쉬워진다. 명심하자. 선택과 집중, 분업화는 책을 쓸 때도 꼭 필요하다.

쉽게 쓰는 것이 잘 쓰는 것이다

책을 정말 쉽게 쓰는 사람이 있고, 반대로 정말 어렵게 쓰는 사람이 있다. 독자들의 생각에는 어떤 부류의 작가가 정말 잘 쓰는 작가일까?

내가 아는 어떤 디자이너가 있다. 그 디자이너는 옷을 정말 쉽게 뚝딱뚝딱 디자인하고 만든다. 그런데도 옷이 정말 예쁘고 대박이 난다.

음식을 하는 요리사도 그렇다. 어떤 요리사는 요리를 정말 쉽게 하고, 뚝딱뚝딱 만든다. 먹어 보면 맛이 정말 기가 막힌다.

주위를 보면 아마추어일수록, 실력이 없을수록, 숙달이 안 된 사람일수록 뭔가를 할 때 큰 특징이 바로 시간이 엄청나게 많이 걸린다는 것이다. 정말 시간이 오래 걸리고, 무엇보다 본인도 너무 어렵게 생각하고, 힘들어한다. 그런데 완성품을 보면, 그것이 음식이라면 정말 맛이 없고, 옷이라고 하면 정말 예쁘지 않다.

책 쓰기도 이와 다르지 않다. 책 쓰기의 대가들은 쉽게 쓴다. 그리고 그것이 정말 잘 쓰는 것이다. 명심하자. 쉽게 쓰는 것이 잘 쓰는 것이다.

쉽게 써야 많이 읽힌다

책을 쉽게 쓰는 법을 배워야 하는 이유는 쉽게 써야 많이 읽히기 때문이다. 쉽게 쓸수록 책의 내용이 쉬워진다. 어려운 책은 절대 읽히지 않으며, 사랑받을 수도 없다. 쉽게 쓰고 쉬운 책이 어렵게 쓰고 어려운 책보다 더 가치 있다.

책의 가치는 독자가 얼마나 많이 읽느냐로 결정될 수 있기 때문이다. 한 명의 독자도 읽지 않는 책은 무가치하다. 책의 가장 기본 기능은 메시지의 전달이다. 단 한 명의 독자도 없다는 것은 그 메시지가 원천적으로 차단되고, 전달이라는 기능을 다 하지 못했음을 의미한다.

그러므로 가치가 가장 높은 책은 가장 많이 읽힌 책이다. 그리고 가장 많이 읽힌 책은 가장 쉬운 책이다. 왜냐하면, 쉬워야 읽히고, 읽혀야 전달할 수 있기 때문이다.

음식은 맛이 있어야 많이 먹고, 장소는 아름다워야 많이 찾는다. 책은 쉽게 써야 많이 읽힌다. 명심하자. 책을 어렵게 쓴다는 것은 결국 자기만 아는 복잡한 암호로 책을 쓰는 것과 같다. 그 책을 읽고 내용을 이해할 사람의 수가 줄어드는 것과 같다.

쉽게 쓸수록 더 많은 이가 읽고 이해할 수 있다. 그뿐만 아니라 쉽게 쓸수록 독자들이 즐겁게 읽어 낼 수 있다. 독자들을 즐겁게 하는 것은 작가의 중요한 본분이다. 읽는 독자를 화나게 하고, 힘들게 하고, 괴롭게 하는 작가가 어디 있을까? 독자도 자신이 책을 읽을수록 힘들고 괴로워지는 종류의 책이라면 십중팔구 그 책을 집어 던지고, 다시는 거들떠보지도 않을 것이다.

지금 예능이 주목받고, 트로트가 다시 인기를 얻는 이유는 모두 시청자들을 행복하게 하고, 즐겁게 하기 때문이다. 어려운 책일수록 독자들은 고통을 느낀다. 책을 쉽게 써야 하는 이유가 바로 여기에 있다.

쉬운 것이 정답이다. 쉬운 것이 좋은 것이다. 쉬운 것이 더 낫다. 쉬운 것이 지름길이다. 쉬운 것이 추월차선이다. 그러므로 쉬운 길로 가야 한다.

책 쓰기를 종교 수행, 고행으로 굳이 삼는 자가 있다. 왜 그렇게까지 해야 할까? 책 쓰기는 고행이 필요한 종교가 아니다. 책 쓰기는 즐거움이며 기쁨이다. 쉽게 할 수 있다면 쉽게 하는 것이 정답이다.

명심하자. 쉬운 길과 어려운 길이 있다면, 어떤 인생길을 선택할 것인가? 모든 사람이 만사형통하는 길을 원한다. 그것이 본능이다. 쉬운 것이 어려운 것보다 더 낫다.

책 쓰기가 어려운 이유는 이것이다

책 쓰기는 그렇게 거창하고 어려운 것이 아니다. 책 쓰기는 단순하고 쉬운 것이다. 그런데 일반 독자들은 책 쓰기가 너무나 거창하고 어려운 것이라고 잘못 생각하고 있다. 그 이유는 무엇일까?

바로 어렵다고 생각하는 편견과 고정관념 때문이다. 그런 고정관념과 편견을 깨면, 책 쓰기는 정말로 쉽고 단순한 것이 된다. 문제는 우리의 마음이며 생각이다.

책 쓰기를 어렵게 만드는 이는 다름 아닌 자신이다. 자신이 바뀌면, 책 쓰기가 쉬워진다. 물론 모든 일이 숙달한 만큼 쉬워진다. 책 쓰기도 마찬가지다. 하지만 책 쓰기는 다른 일과 다르게, 시작도 하지 않은 사람, 한 번도 경험하지 못한 사람일수록 너무 거창하고, 너무 어렵게 생각하는 별로 흔하지 않은 일 중에 하나다.

세상에 많은 일은 한 번도 경험하지 못할수록 쉽게 생각하는 경향이 있다. 그러다가 막상 해보고 나서는 그 일이 생각보다 훨씬 더 어렵다는 사실을 알고 놀란다. 하지만 책 쓰기는 반대다. 물론 그렇다고 해서 정말 누구나 하루아침에 할 수 있을 만큼 쉬운 것은 아니다. 하지만 그렇게 생각만큼 어려운 것도 아니다.

책 쓰기에도 방법이 있다. 그 방법과 기술을 제대로 배우거나 익힌다면 생각보다 훨씬 더 쉽다는 것을 곧 깨닫게 된다. 책 쓰기가 어려운 이유는 여러 가지다. 가장 큰 이유는 앞에서 이야기한 마음의 문제 때문이다. 그다음 이유는 방법과 기술을 제대로 배울 수 없었기 때문이다.

책 쓰기에도 꼭 필요한 방법과 기술이 있다. 그래서 태권도나 피아노처럼 제대로 정확히 배우고 연습해야 한다. 세상에 공짜는 없다. 하지만 제대로 배우고 연습한다면, 곧 쉽게 할 수 있는 것임을 알게 된다.

순서를 정확히 지키면 쉬워진다

누구보다 쉽게 책을 쓰는 법은 순서를 정확히 배우고 그것을 지키는 것이다. 책 쓰기에도 순서가 있다. 하지만 초보자일수록 순서를 무시하고, 그냥 본문부터 쓴다. 이렇게 하면 절대로 책을 완성할 수 없다.

쉽게 쓸 수 있는 데, 순서를 몰라서 책 쓰기를 중도 포기한다면, 너무 억울한 일이 아닌가? 순서를 제대로 지키지 못하면, 책 쓰기가 그야말로 사법 고시에 합격하는 것보다 백배 천배 더 어려운 일이 된다.

책 쓰기의 순서를 알지 못하면 지키기 어렵다. 많은 초보 작가들이 순서를 모르는 이유는 한 번도 책 쓰기를 해본 적이 없기 때문이다. 심지어 책을 몇 권 출간한 작가들도 모르는 경우가 많다. 왜냐하면, 책을 많이 써 보면서 시행착오를 통해 책 쓰기의 원리를 빨리 터득하는 사람도 있지만, 평생 책을 써도 터득하지 못하는 작가도 있기 때문이다.

어떤 분야에서든 문리가 트이면 세상을 훤하게 보게 된다. 책 쓰기의 원리가 트이면 책 쓰기를 좀 더 쉽게 빨리하게 된다. 이것은 수많은 경험을 통해서 가능할 수도 있고, 이쪽 분야에 남다른 재능을 가지고 태어나서 그럴 수도 있다. 필자는 전자의 경우다.

책 쓰기에서 가장 중요한 것은 문장을 잘 쓰는 것이 아니라, 책 쓰기의 원리에 대해 눈을 뜨는 것이다. 책 쓰기에 대한 문리가 트이면, 그다음부터는 누구보다 빨리, 쉽게 책을 쓰게 된다.

책 쓰기를 누구보다 쉽게 하고자 한다면 구상과 구성의 순서를 먼지 지켜야 한다. 지켜야 할 순서 중에서 가장 중요한 것이 이것이다. 구상과 구성 중 구상을 먼저 해야 하고, 그다음에 구성을 해야 한다.

구상은 책의 큰 그림을 그리는 것이다. 책의 메시지를 무엇으로 할 것인지, 제목과 부제는 어떤 것이 좋은지, 책의 콘셉트는 무엇인지를 정하는 것이다. **이것이 정해진 다음에 비로소 구성을 해야 한다.** 구성을 건물 짓기로 비유하자면, 층마다 어떤 구조로 지을 것인지 설계도를 그리는 일과 같다. 구성의 대표적인 예가 목차 구성이다. 목차 구성을 잘하면 책 쓰기가 무엇보다 쉬워진다. 목차 구성을 한 다음 많은 이들이 본문 쓰기를 바로 하는 경향이 있지만, 이것도 문제가 있다.

좀 더 쉽게 책을 쓰고자 한다면 본문 쓰기의 순서를 잘 지켜야 한다. 목차 구성 후 바로 본문을 쓰지 말고, 서문을 작성한 후 본문을 쓰는 것이 좋다. 서문을 먼저 써야 하는 이유와 심지어 출간 기획서를 먼저 작성한 후에 그다음에 비로소 본문을 작성해야 하는 이유에 대해서는 6장에서 자세히 이야기하겠다.

생각하지 말고 일단 쓰라

글쓰기와 관련하여 가장 어리석은 허상 중의 하나가, 영감이 떠오르지 않기 때문에 글을 쓸 수 없다고 말하는 사람들의 망상이다. 이것은 말 그대로 망상이다. 어떤 위대한 대문호도 영감이 떠오르기 때문에 매일 글을 쓴 것이 아니다. 매일 습관처럼 의자에 궁둥이를 붙이고 펜을 잡았기 때문에 영감이 떠오른 것이다. 즉, 영감이 먼저가 아니라, 쓰기가 먼저다. 형편없는 글이라도 쓰다 보면 이내 곧 보석이 나온다.

이런 사실을 〈글쓰기 로드맵 101〉의 저자이며 소설가이자 시인이기도 한 스티븐 테일러 골즈베리는 이렇게 멋지게 표현한 적이 있다.

> "글쓰기를 시작하기 전에 영감이 오기를 기다린다면, 정신이 번쩍 들만큼의 통찰력을 기대한다면, 당신은 어리석을 뿐 아니라 작가와 인연이 없는 사람이다. 일단 써라, 글을 쓴다는 물리적 행위 자체가 상상력을 해방한다. 동작으로 아름다움을 드러낸다는 의미에서 글쓰기는 춤이나 스포츠와 같다. 소설의 문체와 관련된 기법 중에 의식의 흐름이 있는데, 초고를 쓸 때도 구사해 볼 만한 전략이다. 머릿속에 흐르는 말들

을 멈추지 말고 손가락의 움직임을 통해 흘러나가도록 하라. 적어도 첫 단계의 글쓰기는 쉽다. 단어들을 하나하나씩 써나가면 된다. 영감은 대개 문장 중간에 떠오른다. 잉크 자국을 따라가다 보면 자연스럽게 당신의 뮤즈가 노래를 시작할 것이다."

– <글쓰기 로드맵 101>, 스티븐 테일러 골즈베리, 21~22p.

이런 점에서 필자는 독자들에게 매우 이상한 방법을 추천하고 싶다. 그것은 바로 **'생각하지 말고 무작정 글을 쓰는 방법'**이다.

믿기지 않겠지만 어떤 작가들은 인간이 아니라 기계처럼 글을 쓴다. 그것도 매일 말이다. 아침에 눈을 뜨면 밥을 먹고 도서관에 간다. 마치 도서관이 나의 집인 것처럼 말이다. 그러고 나서 도서관에 도착하면 바로 앉아서 무작정 글을 써 내려간다.

한 시간이 흐르고, 또 한 시간이 흐른다. 이 정도 시간이 지나면 벌써 하루 목표량을 다 쓰게 된다.

이건 나의 경험이기도 한데, 이때 내가 믿는 것은 그냥 앉아서 습관처럼 글을 쓰는 일의 힘이었다. 글을 쓰면 생각은 내가 쓴 글이 대신해 준다. 그래서 나는 '생각한다'고도 생각하지 않는다. 내가 쓴 글들이 생각해 주고, 내게 그 생각을 알려 주는 듯하기 때문이다.

결론은 이것이다. 생각날 때까지 기다리지 말라. **생각이 떠올라 글을 쓰는 것이 아니라 글을 쓰기 때문에 더 많은 것들이 생각난다.** 그러므로 생각하려고 하지 말고, 그저 글을 쓰기 바란다. 이런저런 생각을 많이 하면, 글쓰기의 두려움에 갇힌다. 갇히는 순간 모든 것은 멈춘다. 단, 한 글자도 더는 쓰지 못한다. 그 순간이 오기 전에 기계적으로 글 쓰는 습관을 들여야 한다. 이것이 누구보다 쉽게 책을 쓰는 방법이다.

글쓰기를 좋아하고 즐기는 사람이 있다. 바로 작가 로버타 진 브라이언트다. 그는 발표하지 않은 책이 50권이 넘는다고 한다. 그 역시 생각하지 않고 글 쓰는 방법을 추천한다. 그뿐만 아니라 생각하지 않고 글을 쓴다는 것의 장점에 대해서도 매우 설득력 있게 묘사한다.

> "어떻게 생각을 하지 않고 글을 쓸 수 있는가? 조리가 있는 글을 쓰려고 하지 말고 단지 종이에 낱말을 늘어놓기만 하면 된다. 지난날 나는 글을 쓰겠다면서 내내 생각만 하며 시간을 보내곤 했다. 무엇을 써야 할 것인지 생각하고, 어떻게 시작해야 할 것인지 생각하고, 이러면 안 되고 저러면 안 된다고, 생각하고 또 생각했지만, 종이 위에서는 아무 일도 일어나지 않았다. 그 많은 생각을 했지만, 아무것도 거둔 게 없었다. 생각하는 것은 글쓰기가 아니다. 글쓰기는 머리가 아닌 종이에 낱말을 늘어놓는 것이다."
>
> **– <누구나 글을 잘 쓸 수 있다>, 로버타 진 브라이언트, 99p.**

필자가 좋아하는 글쓰기 방법은 '생각하지 않고, 마음 가는 대로 재미로 쓰는 것'이다. 이것은 뒤에 나오는 '프리 라이팅' 기법과 일맥상통한 것이다.

> "명심하라. 생각하면서 글을 쓰는 것보다 의식하지 않고, 심하게 과장해 무의식 상태에서 글을 쓸 때 더 많은 글을 더 잘 쓰게 된다."
>
> **- 저자**

왜 글쓰기와 같은 유일하고 위대한 놀이를 초등학생들이 학교에서 배우는 읽기와 쓰기 수준으로 전락시켜서 그 가치와 효과를 무참히 짓밟는가? 그렇게 하지 마라. 시간이 아깝고, 노력이 아깝고, 인생이 아깝다.

30여 년 동안 글쓰기 교육에 힘써 온 〈하버드 글쓰기 강의〉의 작가인 바버라 베이그는 잠재의식을 활용할 때 좀 더 나은 글쓰기가 가능하다고 말한다.

> "'프리 라이팅'을 할 때 자신이 안다는 사실을 몰랐던 아이디어나 통찰, 이미지, 정보가 튀어나온다면 그것은 바로 여러분의 잠재의식이 활동하는 것이다. 습작을 마친 이후에도 계속해서 더 많은 재료를 제공하려는 것 때문에 잠재의식은 마찬가지로 중요하다."

많은 작가가 잠재의식을 활용하기 위해 나무 밑에서 낮잠을 자거나,

커피를 마시거나, 반신욕을 하거나, 오솔길을 산책하기도 한다. 하지만 이것들보다도 가장 최고의 방법은 단연코 글쓰기다. 즉, 잠재의식을 활용하는 최고의 방법은 글을 무작정 쓰는 것이다. 무작정 걷는다는 것이 어떤 느낌인지 알 것이다. 글도 그렇게 무작정 쓸 수 있다. 필자는 그 느낌을 잘 안다. 그렇게 되면 잠재의식이 깨어나고, 최대한 잠재의식을 활용하게 된다. 그 결과, 쓰기 때문에 생각들이 튀어나오게 된다.

프리 라이팅 기법의 대가인 피터 엘보Peter Elbow는 글을 잘 써내는 한 가지 비결로 일단 쓰기 시작하는 태도가 중요하다고 말한다.

> "글을 성공적으로 써내는 비결은 한 가지 중요한 태도를 익히는 것이다. 아직 맹아 상태에 있는 아이디어, 아니면 심지어 아이디어를 얻고 싶다는 갈망밖에 없을 때라도 일단 쓰기 시작하면 언젠가 자신이 하려는 말을 찾게 될 것이라고 믿어야 한다. 아이디어가 꼬물거릴 때 더 흔하게 나타나는 반응을 피할 줄 알아야 한다. 하고 싶은 말이 이미 머릿속에 떠올라 명확하게 정리될 때까지 기다리면서 쓰지 않는 것 말이다."
>
> **– <힘 있는 글쓰기>, 피터 엘보, 122~123p.**

그렇다. 일단 쓰기 시작하면 자신이 쓰려고 하는 말이 무엇인지 생각이 떠오른다. 글쓰기를 하는 전업 작가들은 이 사실을 누구보다 잘 안다. 그러므로 일단 쓰라. 무엇이든 아무거나 상관없다. 중요한 것은 쓰기 시작하는 것이다.

짧게 간결하게 쓰라

미국 공화당의 미디어 전략가이자 미국 최고의 여론 전문가로 평가받는 연설 전문가이기도 한 프랭크 런츠는 단숨에 꽂히는 언어의 기술을 잘 아는 사람이다.

그는 자신의 저서를 통해 먹히는 말, 상대의 가슴에 꽂히는 말에는 다 그만한 이유가 있음을 강조했다. 그가 주장하는 먹히는 말의 조건은 별것이 아니다. 그가 제안하는 말의 규칙 중에서 가장 중요한 것은 상대방을 한마디로 제압하라는 것, 즉, 말의 간결성에 있다.

> "최대한 간결하게 표현하라. 단어만으로 충분하다면 굳이 문장을 쓰지 말고, 세 단어로 할 수 있는 말을 네 단어로 늘려 쓰지 말라. "사람의 다리 길이가 어느 정도면 적당하냐"는 질문을 받았을 때 에이브러햄 링컨은 "땅에 닿을 만큼"이라고 대답했다."
>
> **– <먹히는 말>, 프랭크 런츠, 27p.**

간결한 문장을 사용하면 긴 문장을 사용할 때 할 수 있는 실수를 예방할 수 있다. 긴 문장을 읽고 독자들이 이해하기 위해 기울여야 하는 시간과 노력을 절약해 줄 수 있다. 심지어 긴 문장은 모호해지고, 작가의 의도가 쉽게 빗나갈 수 있다. 짧은 문장을 사용하면 힘이 느껴지고, 분명해지고, 심지어 아름답기까지 하다.

"간결한 문장은 아름답다."

– <문심조룡> '명잠': 중국 최초의 문학비평 이론서, 문학창작 지침서, 유협

생각이 깊은 사람일수록 말이 간결하다. 그 주제나 내용을 잘 모르는 사람일수록 그것을 설명하기 위해 많은 말을 해야 한다. 자신도 제대로 모르기 때문이다. 그런 점에서도 간결하게 말하는 사람들은 지혜로운 사람들이다.

"재주 없는 사람이 다 말해 버리고, 재주 있는 사람은 말을 고르고 아낀다."

– <변론가의 교육>, 퀸틸리아누스

여기에 퓰리처상을 만든 조셉 퓰리처의 조언을 추가하겠다. 절대 추가했다가는 독자들이 충격을 받을 것 같아서이다.

"무엇을 쓰든 짧게 써라. 그러면 읽힐 것이다.
무엇을 쓰든 명료하게 써라. 그러면 이해될 것이다.
무엇을 쓰든 그림같이 써라. 그러면 기억 속에 머물 것이다."

그래서 필자가 좋아하는 말이 바로 '욕교반졸欲巧反拙'이다. 이 말은 한 마디로 너무 잘하려고 기교를 부리다가 도리어 졸렬한 결과를 얻게 된다는 뜻이다.

단순한 것이 최고라는 말은 여기에도 그대로 적용된다. 명심하라. "Simple is the best"다.

"말은 짧게, 의미는 깊게"라고 니체도 말했다. 쇼펜하우어의 저서를 보면 그가 간결한 문체에 대해 한술 더 뜨고 있다는 사실을 쉽게 알 수 있다.

> "글은 누구나 쉽게 이해할 수 있어야 하며, 간결한 문체와 적절한 표현은 훌륭한 글쓰기의 첫걸음이다. 그러나 장황하게 단어들만 나열하는 글은 읽는 사람의 눈을 어지럽게 할뿐더러 특히 남의 글을 표절하는 행위는 일종의 강탈이며 범죄행위이다. 그러므로 글쓴이의 고유한 문장은 소박한 정신과 순수한 신념으로 구축되는 건축물과 같다."
>
> **– <문장론> 중, 쇼펜하우어**

필자는 최고의 문장에 대해서 이렇게 말하고 싶다.

"간결한 문장, 짧은 문장이 최고의 문장이다."

말이 많은 사람들은 절대 고수가 될 수 없다. 글도 마찬가지다. 긴 문장은 절대 좋은 글이 될 수 없다. 글에 쓸데없이 사족을 달지 마라. 제발 부탁한다.

"쓸데없는 사족은 문체와 문장의 명료함을 흐리게 한다"고 쇼펜하우어도 말하지 않았는가?

셰익스피어도 〈햄릿〉에서 이렇게 말했다.

"간결은 지혜의 정수다."

당신이 왜 글을 간결하게 써야만 하는지 이제 알 것이다. 그러므로 제발 간결하게 쓰도록 하자. 간결하게 당신이 글을 쓸수록 당신의 글을 좋아하는 사람들의 수는 기하급수적으로 증가할 것이다. 이 사실을 반드시 명심하자.

재주 없는 사람이 말이 많다. 재주 있는 사람은 말을 아낀다. 간결하다는 것은 문장의 절제이며, 언어의 경제다. 최소한의 표현으로 최대의 효과를 거두는 사람이 고수다.

세계적 문호 헤밍웨이도 짧은 문장을 최고의 문장 원칙으로 평생 지킨 작가다. 그가 평생 글 쓰는 원칙으로 삼은 것은 "짧은 문장을 쓰라, 짧은 단락을 쓰라, 확정적으로 쓰라, 박력 있는 글을 쓰라"는 것이다.

글쓰기를 생애 최초로 본격적으로 시작해 보려는 사람들은 반드시 간결하게 글을 써야 한다.

제2장

쉽게 쓴다 책 쓰기 고수는

책 쓰기 고수는 다르다

"나는 탐욕스러운 독서 습관 덕분에 두 가지는 지니고 있다고 생각했다. 첫째. 독서를 통해 얻은 엄청난 어휘력, 둘째, 글쓰기 책을 통해 두서없이 익힌 문장 기교, 안타깝게도 둘 다 전혀 쓸모가 없었다. 기교에 대해서는 모르는 게 없다는 태도와 막강한 어휘력, 그건 최대 장애물이었고, 가장 먼저 버려야 할 것들이었다. 나는 글을 잘 쓰는 방법을 알고 있다는 생각을 어렵게 버렸다. 부적절한 어휘로 가득 찬 헛간을 과시하고 싶은 유혹도 포기했다. 그 후 비로소 글쓰기가 나아지기 시작했고, 글이 생동감을 띠기 시작했다."

– <누구나 글을 잘 쓸 수 있다>, 로버타 진 브라이언트, 37p.

20여 년 동안 수천 명의 작가 지망생을 가르쳐 온 로버타 진 브라이언트는 솔직하게 자신의 경험을 이야기했다. 글을 잘 쓰는 방법을 알고 있다는 생각을 버리자 비로소 글쓰기가 나아지기 시작했다는 것이다. 이것뿐만 아니다. 글이 생동감까지 띠기 시작했다고 말한다.

결국, 그녀가 우리에게 전해주는 교훈은 이것이다.

절대 자만하지 말라는 것이다. 마음을 비우고 글을 써야 한다는 사실일 것이다. 글은 결코 독자들의 눈과 귀를 즐겁게 해주는 미술이나 음악의 영역이 아니라 삶의 영역이라는 것이다.

즉, **글쓰기의 본질은 정확한 전달에 있다.** 정확게 잘 전달하기 위해서는 글이 너무 길어지면 안 된다. 특히 너무 기교를 부리고, 너무 어려운 단어를 사용하면 안 된다.

하지만 많은 작가가 자시의 지식을 드러내기 위해 어려운 단어들을 사용하는 것을 좋아하다. 은근히 과시하듯 말이다. 바로 이 시점부터 글은 교과서적인 글이 되고, 수백 년 전의 시체를 보관하는 박물관이 된다.

자신의 글이 박물관을 차지하는 수백 년도 더 된 시체가 되지 않게 해야 한다. 그렇게 하기 위해서는 글을 자신의 지식을 뽐내는 도구로 전락시켜서는 안 된다. 적확한 전달을 위해 글을 써야 한다.

종교 지도자들의 글이 베스트셀러에 자주 올라오는 이유는 무엇일까?

자신의 지식이나 업적을 자랑하기 위해, 과시하기 위해 글을 쓰지 않았기 때문이다. 오히려 그 반대다. 진정으로 대중들에게 전해 주고 싶은 메시지가 있어서 그 글들이 살아서 춤추는 것이다.

종교 지도자들은 자기 자신이 글을 '잘' 쓰는 작가라고 절대로 생각하지 않는다. 바로 그런 마음의 자세가 좋은 글을 나오게 하는 것이다.

수준 높은 지식과 어려운 어휘들이 그대로 열거된 글들은 살아 춤출수 없다. 너무 무겁기 때문이다. 그래서 글은 가벼워야 한다. 더 높게 비상하여 날기 위해서는 **글은 가벼워야 하고, 군더더기가 없어야 한다.** 특히 **과시나 자랑을 위한 기교는 버려야 한다.**

2년 동안 필자의 책이 45권이나 출간되었고, 그중에 베스트셀러가 된 책도 수없이 많지만, 나는 스스로 글을 잘 쓴다고 생각한 적이 없다. 글은 잘 쓰고 못 쓰고의 문제가 아니라, 얼마나 많이 쓰고 적게 쓰느냐의 문제이기 때문이다. 더는 무엇이 필요할까?

스스로 글을 잘 쓴다고 생각하는 순간, 그 작가는 자멸하고, 더는 한 권의 책도 못 쓰는 작가가 된다. 글쓰기의 본질은 기술이나 기교가 아닌 우리의 의식에 달린 문제를 다루는 능력이기 때문이다.

꾸준히 쓸수록 쉬워진다

책을 쓰면 쓸수록 쉬워진다. 하지만 많은 작가가 이런 사실을 믿지 않는다. 쓸수록 어렵다고 말하는 작가가 많다. 그 이유는 무엇일까?

나도 모르겠다. 하지만 필자는 책을 쓰면 쓸수록 쉬워졌다. 그래서 지금은 책을 쓸 때, 눈앞에 넷플릭스를 켜놓고 시청하면서 책을 쓰는 것에 익숙해졌다. 그 이유는 나도 모르겠다.

자전거를 타면 탈수록, 수영하면 할수록 쉬워져야 한다. 그것이 자연의 이치다. 회사 운영도 마찬가지다. 처음에는 기술이 부족하고 경험이 부족해서 어렵고 힘들다. 하지만 10년 이상 회사를 운영한 CEO라면 초창기와 비교해 회사 운영이 훨씬 더 쉬워져야 정상이다.

책 쓰기 수업도 그렇다. 필자는 8년 동안 500명에게 직접 책 쓰기 수업을 지도하고, 작가로 양성해 준 책 쓰기 코치다. 그런데 처음 3년 동안은 수업이 정말로 힘들었다. 전국에서 책 쓰기를 배우고자 오시는 분들이 있어서 감사했지만, 수업할 때마다 진땀이 나고 힘들었다.

사람을 만나는 것을 별로 좋아하지 않고, 말하는 것을 좋아하지 않는 내성적인 사람이라서 3시간 동안 강의하고, 책 쓰기를 지도하는 일이 여간 힘들지 않았다. 하지만 수업을 받은 수강생분들이 하나둘 출판사와 계약하고, 책을 출간하게 되는 그 성과는 나를 버티게 해주었다.

모든 일이 처음 3년간은 힘들고 어렵다. 그러다가 또 3년은 많이 성장하고 배우는 기간이었다. 이제 8년 차가 되니, 어느 순간 책 쓰기 수업을 오롯이 즐기며, 수업 시간이 행복해졌다.

하면 할수록 쉬워진다. 책 쓰기도 이런 이치에서 벗어나지 않는다. 책 쓰기를 처음 할 때는, 단 한 권의 책을 쓰고 계약하고 출간할 때는 1년 이상이 걸리고, 고통이 심했다. 하지만 두 번째 책은 첫 번째 책보다 훨씬 빨라졌고, 쉬워졌다.

이것은 마치 어머니들이 첫 아이를 출산할 때, 너무나 힘이 들고 고통스럽지만, 둘째 아이부터는 훨씬 더 쉽게 출산하는 이치와 같다. 쓸수록 쉬워진다면 매일 쓰는 사람이 최고로 기쁘고 좋은 것이다.

책 쓰기를 하루라도 멈추고 다시 쓰려면 처음부터 다시 내용을 읽어야 하고, 다시 목차와 구성을 익혀야 한다. 이만저만 힘든 것이 아니다. 그래서 책 쓰기를 누구보다 쉽게 하기 위해서는 집중 집필 기간을 가져야 한다고 말하고 있다.

밥 먹듯이 쓴다

"코끼리를 잡아먹는 방법이 무엇일까?"

이 질문에 답을 해보라.

필자의 대답은 이것이다. '한 번에 한 입씩' 먹는 것이다. 이 방법을 제외하고는 없다. 물론 다른 방법도 있지만, 본질은 결국 이것이다.

책 쓰는 작가가 되는 방법도 이와 다르지 않다.

한마디로 책을 쓰는 유일한 방법은 '한 번에 한 문장씩 쓰는 것'이다.

그래서 작가 지망생들에게 해주고 싶은 말이기도 하지만, 필자 본인에게 여전히 평생 해주고 싶은 말은 이것이다.

"책을 쓰지 말고 한 문장만 쓰자."

한 문장만 쓰면 그것이 책이 되는 것은 아니다. 하지만 한 문장을 쓰지 않으면 절대 책을 쓸 수 없다. 천 리 길도 한 걸음에서 시작되고, 태

산도 한 줌의 흙에서부터 시작되듯, 아무리 양이 많은 책이라도 한 문장에서 시작되었다는 것을 잊어서는 안 된다.

한 문장을 쓰고, 그다음 문장을 쓰다 보면 어느새 수백, 수천 장의 원고지를 채우고, 수십 권의 책을 쓴 작가가 되어 있을 것이다.

결국, 하나의 문장이 수십 권의 책으로 탄생하게 된다.

대한민국에서 1인 기업가의 1세대였던 공병호 소장도 처음부터 글을 잘 쓰는 사람은 매우 드물다고 말하면서, 꾸준히 쓰는 것이 가장 좋은 비결이라고 말했다.

> "처음부터 글쓰기를 좋아하는 사람은 없다. 처음부터 잘 쓰는 사람은 더욱 드물다. 무슨 일이든지 처음 시작할 때는 약간의 고통이 따른다. 게다가 두려움과 부끄러움도 함께 한다. 하지만 대문호의 글, 나 같은 저술가의 글 따위와 자신의 소중한 기록을 같은 반열에 놓고 비교하지 마라. 누가 뭐라 해도 자기 자신이 썼기에, 누가 뭐라 해도 내 인생의 기록이기에 소중하고 아름다운 글이다. 그렇게 애정 어린 마음으로 꾸준히 써보라. 수백, 수천 장의 원고지를 채워보라. 모든 일이 그렇듯 글쓰기도 반복하다 보면 어느 순간 문리를 터득한다."
>
> **– <글쓰기 어떻게 할 것인가>, 임정섭, 194p.**

소설가 김영하 씨는 TED 강의를 통해 매우 멋진 말을 남긴 적이 있다. 필자도 이것을 보고 열광했다.

"롤랑 바르트는 플로베르의 소설에 대해 이렇게 말한다.
플로베르는 소설을 쓴 것이 아니라 한 문장과 다른 문장을 연결했을 뿐이다. 문장 사이의 에로스가 플로베르의 소설의 본질이다. 소설은 기본적으로 앞의 한 문장을 쓴 다음에 그 문장을 위배하지 않는 선에서 그다음 문장을 쓰는 것."

역시 멋진 예술가는 달랐다. 그의 TED 강의에는 잔잔하면서도 강렬한 무엇인가가 있었다. 나는 그것에 매료될 수밖에 없었다. 소설가는 정말 멋진 직업이다. 그는 이 강연을 통해 거듭 말한다. **"우리가 우리 자신의 예술을 시작하는 것이 중요하다"**라고 말이다.

당신에겐 이제 당신의 글을 쓰는 것이 중요하다. 당신의 이야기, 당신의 경험, 당신의 생각, 당신이 얻었던 최고의 이야기, 바로 이것이 당신이 글을 써야 하는 이유이고, 당신이 반드시 작가가 되어 당신을 당당히 세상에 보여 주어야 할 이유이다.

왜냐하면, 당신이 가진 스토리는 당신만이 알고, 보여 줄 수 있고, 쓸 수 있는 유일무이한 것이기 때문이다. 당신만이 할 수 있는 일이기 때문이다.

퓰리처상을 받은 작가인 애니 딜러드는 자신의 저서인 〈창조적 글쓰기〉를 통해 다음과 같이 말한 적이 있다.

"글쓰기는 한 줄의 단어를 펼쳐놓는 것으로 시작된다. 그 줄은 광부의 곡괭이이고 목각사의 끌이며 의사의 탐침이다. 글 쓰는 이가 휘두르는 대로 그 줄은 그에게 길을 파서 내준다. 그 길을 따라가다 보면 새로운 땅에 깊숙이 들어가게 된다."

– <창조적 글쓰기>, 애니 딜러드, 11p.

한 줄의 단어로 시작해 그것을 한 문장으로 만들면, 그다음부터는 그것을 연결하고 잇기만 하면 된다. 그러다 보면 어느 순간 새로운 세계에 깊숙이 들어가 있는 자신을 발견하고 놀라게 될 것이다.

이야기하듯이 쓴다

글은 꾸미지 말고, 이야기하듯이 쓰면 된다. 필자의 주장이 아니라 위대한 현인들의 주장이다.

글쓰기를 시작하고자 하는 독자에게 뜨거운 가슴으로 해주고 싶은 말이기도 하다.

글쓰기의 제1원칙은 전달만 하면 된다는 것이다. 그러므로 절대 꾸미려고 하지 말고, 절대로 연출하거나 설정하지 말라.

그런 점에서 필자는 공자의 다음과 같은 주장에 전적으로 동의한다. 특히 말을 할 때는 더 그렇다.

> "말이나 글은 뜻을 전달하면 그만이다."
>
> **– <논어> '위령공', 공자**

글은 또한 말이기도 하다. 그래서 어떤 작가들은 글짓기가 아니라, 말 짓기라는 것을 강조하기도 한다. 표현하고자 하는 것은 마음이요 생각이기 때문이다. 그렇다면 말이나 글이나 매한가지며, 자신의 마음과 생각을 표현하기 위한 최고의 원칙은 제대로 전달되어야 함에 있다.

그런 점에서 문장을 쓸 때는, 절대 꾸밀 필요가 없다고 필자는 강력하게 주장하고 싶다.

기억하라. 프랑스의 소설가이자 실존주의 철학자인 장 폴 사르트르가 다음과 같이 말했다는 사실을 말이다.

"문장은 꾸밀 필요 없다. 문학을 경계할 것, 펜 가는 대로써야 한다."

– <구토> '월요일', 사르트르

앞서 이미 동양의 현인이었던 공자도 이와 같은 말을 언급했다고 소개했고, 이 외에도 동서양의 고전들에 글적 기교나 꾸밈을 경계하는 의미심장한 말들이 적지 않다는 것을 쉽게 발견할 수 있다.

그중의 하나로, 〈채근담〉에는 이런 말이 나온다.

"문이졸진(文以拙進): 글은 졸함으로써 나아간다."

– <채근담> '후집 93'

한마디로 기교를 자랑하는 사람들보다 서툴지만 꾸미지 않고 계속 쓰는 사람들이 더 크게 문장 실력이 는다는 말이다.

문장을 꾸며서 사람들의 눈과 귀를 즐겁게 하고, 매혹하는 데 힘쓰는 것을 직접 경계하라고 말하는 책도 있다.

"오늘날 글 쓰는 사람들은 오로지 문장 구절에만 힘을 써서 사람의 귀와 눈을 즐겁게만 한다. 사람을 즐겁게 하니 배우가 아니고 무엇이겠는가."

– <근사록> '위학류'

너무 꾸미면 알맹이보다 포장이 더 화려해지고, 배보다 배꼽이 더 커진다. 너무 꾸미면 모호해져, 전달이 어려워진다. 그래서 필자는 간결하게 쓰는 것이 제일 좋은 방법이라고 입이 닳도록 말해 왔다.

많이 생각해야 간결하게 표현할 수 있고, 간결할수록 분명하고, 명료해진다. 노벨문학상을 받은 작가인 알베르 카뮈는 이에 관해 이렇게 말했다.

"분명하게 글을 쓰는 사람에게는 독자가 모이지만 모호하게 글을 쓰는 사람에게는 비평가만 몰려들 뿐이다."

명심하라.

글은 전달만 되면 최고다. 더는 욕심이다. 말하듯이 쓰면 된다. 말할 때, 가장 중요한 목적이 전달이기 때문이다.

어려우면 책이 아니라 교과서다

책은 절대 어렵게 쓰면 안 된다. 어려우면 책이 아니라 교과서다. 왜 책이 어려워야 하는가? 책은 읽기 쉬워야 한다. 쉬워야 많은 독자에게 읽힌다. 독자들은 쉬운 책을 어려운 책보다 백배 정도 더 좋아한다.

교과서는 학생들이 모르는 사실을 가르쳐야 해서, 늘 학생의 수준보다 더 높은 내용을 담고 있다. 즉, 1학년을 마치고 2학년이 된 학생들에게 2학년 교과서는 새로운 지식과 정보로 가득 차 있다. 그래서 교과서는 당연히 어려운 것이다.

초등학교를 졸업하고 중학교에 가면, 당연히 중학교 교과서가 어려울 수밖에 없다. 교과서이기 때문이다. 하지만 책은 다르다. 책이 왜 어려워야 하는가? 그것은 어불성설이다. 책은 쉬워야 한다. 책이 어려워야 할 그 어떤 이유도 존재하지 않는다.

교과서로 공부한 다음 우리는 시험을 본다. 교과서의 내용을 얼마나 잘 이해하고 공부했는지 점검한다. 하지만 책은 절대 그렇게 하지 않는다. 시험도 보지 않고, 평가도 하지 않는다. 그런데 왜 책을 처음부터 끝까지 한 글자도 빼먹지 않고 읽어야 하는가?

이것이 착한 학생 콤플렉스다. 독서의 대가들은 이렇게 책을 읽지 않는다. 조금 더 영리하게 독서한다. 그것이 플랫폼 독서법이다.

우리는 무의식 중에도 책을 처음부터 끝까지 한 글자도 안 빼먹고 읽어야 착한 독자이고 선생님에게 칭찬을 듣는 착한 학생이라는 오해와 고정관념에 사로잡혀 있다. 이런 선입견에서 벗어나는 이들이 뛰어난 독서 천재가 될 수 있고, 독서로 인생을 바꿀 수 있다.

책 쓰기도 마찬가지다. 책 쓰기와 관련해 우리가 가지고 있는 편견과 고정관념은 이것이다.

- 책 쓰기는 굉장히 거창한 것이고, 정말 어려운 것이다.

- 책 쓰기는 나 같이 평범한 사람이 절대 할 수 없다.

- 책 쓰기는 능력자들, 재주가 있고, 성공한 사람, 지식인들만 할 수 있다.

- 책 쓰기는 어렵고 재미없고 힘든 것이다.

- 책 쓰기는 능력을 타고나야 할 수 있다.

이런 고정관념과 편견을 모두 버려야 누구보다 쉽게 책을 쓸 수 있다. 우리가 책을 쉽게 쓰지 못하는 이유 중 팔 할이 편견에 사로잡힌 고루한 생각들 때문이다. 생각을 바꾸는 순간 책 쓰기가 쉽고 편해진다.

고수는 심플하게 쓴다

어떤 분야에서든 최고가 되고, 고수가 된 사람을 만나 보면 공통점이 있다. 그들의 삶이 심플하고 그들의 창작물도 심플하다는 점이다. 고수는 무엇을 해도 심플하다. 그들의 삶의 방식도 그렇다.

책 쓰기도 마찬가지다. 고수는 심플하게 쓴다. 군더더기가 없다. 사족이 없다. 불필요한 접속사가 많지 않다. 형용사와 부사를 남발하지 않는다. 심플하게 쓸 수 있다는 것이 최고의 기술이다.

초보자들은 복잡하게 쓴다. 초보자들은 어렵게 쓴다. 그래서 그들에겐 책 쓰기가 어렵고 복잡하고 골치가 아프다. 반면, 고수가 될수록 심플하게 쓰고, 심플하게 쓰는 사람들이 책을 오래 쓰고, 쉽게 쓴다. 고수는 고요하다. 시끄러운 것은 초보자들이다. 고수는 조용히 정진해 나간다. 한 문장을 쓰고, 또 그다음 문장을 쓰는 일을 빠르고 정밀하게 한다.

고수는 심플하게 쓰고 쉽게 쓰지만, 아직도 많은 일반인은 책 쓰기에 도전도 하지 못한다. 이 책을 읽는 많은 독자 중 지금까지 책을 한 권도 못 써본 사람도 있을 것이다. 왜 지금까지 책을 쓰지 못했을까? 이유는 단 한 가지다.

당신의 마인드, 즉 사고방식 때문이다. 어떤 사고방식일까?

책은 특별한 사람들이 쓰는 것이라는 사고방식 말이다.

이 책이 처음부터 끝까지 당신에게 말하고자 하는 것은 단 한 가지뿐이다.

그것은 바로 이것이다.

"책은 누구나 쉽게 쓸 수 있다"라는 것이다.

당신은 놀랍게도 당신의 생각보다 훨씬 더 뛰어난 능력을 갖추고 있다. 그것도 다방면에 말이다.

당신이 스케이트를 타본 적이 없어서 스케이트에 대한 당신의 재능이 어느 정도인지 모를 뿐이다. 스스로에게 제대로 기회를 주고, 시간을 주고, 환경을 만들어 주지 않았기 때문에 당신은 자신의 재능을 모른 채로 살아가고 있다.

당신에게 책 쓰기의 숨겨진 재능이 있을 수도 있다. 당신이 시작만 하고 도전한다면 몇 년 안에 책 쓰기 고수로 도약할지도 모른다. 아무도 모를 일이다.

명심하자.

> "전문가가 책을 쓰는 것이 아니다. 책을 쓰면 전문가가 되는 것이다.
> 성공한 사람이 책을 쓰는 것이 아니다. 책을 쓰면 성공한 사람이 되는 것이다.
> 자신을 넘어선 사람이 책을 쓰는 것이 아니다. 책을 쓰는 사람이 자신을 넘어서는 것이다."

- <김병완의 책 쓰기 혁명> 중, 저자

고수는 심플하게 쓴다. 이 말을 반대로 해도 마찬가지다.

심플하게 쓰는 사람이 고수다. 전문가가 책을 쓰는 것이 아니고, 성공한 사람만이 책을 쓰는 것이 아니고, 자신을 넘어선 사람이 책을 쓰는 것이 아니라, 책을 쓰면 전문가가 되고, 성공하고, 자신을 넘어서게 된다.

책 쓰기 고수가 되고자 한다면 누구보다 빨리, 쉽게 책을 쓰는 법을 연구하고 연습해야 한다. 누구보다 빨리, 쉽게 책을 쓰면, 그때부터 한 달에 한 권씩 책을 출간하게 되고, 그 결과 책 쓰기 고수가 된다. 양이 질을 만드는 것이다. 양 없이 질을 추구하는 일은 세상의 이치에 어긋난다.

그러니 당장 오늘부터 심플하게 쓰는 연습을 하자. 심플하게 쓸수록 책 쓰기가 쉬워진다. 쉬워진 순간, 이미 고수로 입문한 것인지도 모른다.

당신도 가능하다
책 쓰기를 시작하라

"사람은 쓰기를 통해 어제 살았던 인생보다 더 강한 인생을 만들어 나갈 수 있다. 글쓰기를 통해 참담한 현실을 극복하고 위대한 삶을 살았던 사람들은 한두 명이 아니다. 장애 삼중고로 비참한 현실과 싸워야 했던 헬렌 켈러 여사도 그렇고, 흑인 여성 지도자 마야 엔젤루도 그렇다. 그들의 인생을 바꾼 것은 글쓰기였다. 유배지로 내려간 다산 정약용을 일으켜 세운 것은 글쓰기였다. 하루아침에 사형수 처지가 되어 사랑하는 가족과 부와 명예를 모두 잃어버리고 단 하나의 희망조차 품을 수 없었던 보에티우스를 강하게 해준 것 역시 글쓰기였다."

– <김병완의 책 쓰기 혁명>, 저자, 84p.

우리가 책 쓰기를 해야 하는 이유는 바로 이것이다. 책 쓰기는 우리를 성장시키고, 강하게 만들어 주기 때문이다.

또, 책 쓰기가 가장 경제적이면서 가장 효과적인, 가장 확실한 자기 마케팅 수단이며, 퍼스널 브랜딩 도구라는 사실을 부인할 수 있는 사람은 단 한 사람도 없을 것이다.

100세 시대에 긴 인생을 제대로 살아가기 위해서는 하나의 졸업장, 하나의 직업, 하나의 인생 1막으로는 부족하다. 인생 2막, 3막, 4막을 제대로 준비하는 가장 결정적인 방법이 책 쓰기인 이유다.

하버드생들이 가장 신경 쓰는 분야는 바로 글쓰기이다. 그 이유가 무엇일까?

자기 생각을 글로 표현하고, 상대방에게 효과적으로 전달하고, 설득시킬 수 있고, 감동을 줄 수 있는 글쓰기 능력이 지금 이 시대에 가장 중요한 성공 요인이기 때문이다.

실제로 하버드대 교육학 리처드 라이트 교수가 하버드 대학생들의 성공비결을 밝혀 낸 적이 있었다.

"똑같은 능력의 하버드생인데도 왜 어떤 학생은 성공적인 대학 생활을 하고, 또 어떤 학생은 실패하게 되는 것일까?"

리처드 라이트 교수는 이 질문에 대한 답이 궁금했고, 이 답을 16년 동안 찾았다. 그리고 16년 동안 하버드 학생 1,600명과의 인터뷰를 통해 대학 생활의 성공비결을 몇 가지 발견하였다.

그 비결 중의 하나가 **'글쓰기에 엄청난 노력을 들인다'**는 것이었다.

그만큼 책 쓰기는 최고의 성공 수단이 되었다. 아니, 오래전부터 최고의 성공 수단이었고, 제일 중요한 성장 도구였다. 하지만 이 사실을 제대로 인식하고 깨닫기 시작한 것이 불과 몇십 년도 되지 않는다.

그전에는 그저 책 쓰기는 전문가들이, 성공한 사람들이, 똑똑한 사람들만이 하는 것이라 생각했다. 하지만 이제 한두 명씩 책 쓰기가 전업 작가들만의 전유물이 아니라는 사실을 깨닫게 되었다.

그리고 몇 년이 흐른 후에는 또 생각이 달라졌다. 이제 책 쓰기는 성공 수단을 넘어, 생존 수단이 되었다. 책 쓰기가 혁명도 아니고, 성공하기 위한 선택의 도구도 더는 아니다. 이제는 책 쓰기가 생존이며, 필수이며, 누구나 해야 하는 것이 되었다.

이 차이는 매우 크다. 불과 몇 년 전에는 책 쓰기가 성공하고 싶은 사람들이 선택을 고려하는 성공 도구였다면, 이제는 생존을 위한 필수적인 문제가 되었기 때문이다.

우리가 명심해야 할 중요한 사실은 **'당신도 충분히 책 쓰기가 가능하다'**라는 점이다. 누구나 쉽게 할 수 없는 어려운 일이라면 처음부터 하라고 강요하지도 않는다. 해보면 누구나 쉽게 할 수 있는 일이라는 사실을 곧 발견하게 된다. 책 쓰기는 쉬운 일이며, 베스트셀러는 쉽게 만들어진다. 당신도 가능하다.

책 쓰기를 시작하라. 일단, '무조건' 시작하라. 시작하면 길이 생기고, 시작하면 힘이 생긴다. 시작하면 우주가 도움을 준다. 시작하라.

고진감래는 틀리다

고생 끝에 낙이 온다는 말이 있다.

사실이다. 하지만 책 쓰기에는 이 말을 적용해서는 안 된다. 책 쓰기는 고생할수록 더 큰 고통을 줄 뿐이다. 책 쓰기를 즐기면, 즐길수록 낙이 온다. 베스트셀러도 쓰고, 부와 명예도 얻기 때문이다. 누구보다 쉽게 책을 쓰려면 즐겨야 한다.

로버타 진 브라이언트도 비슷한 말을 했다.

> "재미로 쓰라. 자기를 위해!
> 작가가 그 과정을 즐기지 못한다면,
> 어떤 독자가 그 결과물을 즐기겠는가."

– <누구나 글을 잘 쓸 수 있다>, 로버타 진 브라이언트, 128p.

필자는 확신한다. 자기 자신을 위한 글을 쓰는 것, 재미로 즐기면서 신나게 신명 나게 글을 쓰는 것이 최고로 글을 잘 쓸 수 있는 비결이다. 그러므로 작가가 되고자 하는 사람이거나 자신의 이름으로 된 책을 한 권이라도 출간하기를 원하는 사람이라면 글쓰기를 즐겨야 한다. 그것이 작가로서 성공하는 비결이자, 글을 잘 쓰는 유일한 비결이다. 더불어 책을 쉽게 쓰는 방법이다.

글쓰기를 즐길 수 없게 만드는 것 중의 하나가 바로 '완벽주의'일 것이다. 필자가 독자들에게 정말 하고 싶은 말 중의 하나가 "제발 완벽주의에 빠지지 말라는 것"이다. 그리고 한발 더 나아가서, 필자는 작가 지망생들에게 "제발 더 잘하려고 욕심을 내지 말라"고 말해 주고 싶다.

노력하지 말고, 글쓰기를 멈추라는 말이 아니다. 그대로 하면서 동시에 더 잘하려고 하는 마음의 욕심을 버리라는 말이다. 즉 완벽하게 하려고, 좀 더 잘하려고 욕심 내지 말라는 말이다. 마음을 비우고, 글 쓰는 그 자체를 완벽하게 즐기라는 말이다. 즉, 완벽하게 글쓰기를 즐기기 위해서는 완벽주의에서 벗어나야 한다.

> "완벽주의는 압제자나 사람들을 괴롭히는 적의 목소리이다. 그것은 당신을 평생 구속하고 미치게 하며 당신이 볼품없는 첫 번째 원고를 쓰지 못하도록 가로는 주요 장애물 역할을 한다.... 게다가 완벽주의는 당신의 글쓰기를 망치고, 창조성과 장난기와 생명력을 방해한다. 완벽주의는 청소할 일이 두려워, 되도록 어지르지 않고 살려고 필사적으로 노력하는 것이다. 그러나 어지럽고 혼란스러운 것들은 인생이 그만큼 활발히 굴러가고 있다는 것을 보여 준다. 원래 난잡함이란 대단히 풍부한 다산성의 땅이다. 당신은 그 모든 쓰레기 더미 속에서 새로운 보물

을 발견할 수도 있고, 여러 가지의 것을 깨끗하게 하거나, 어떤 것을 삭제하거나, 수정하거나, 움켜잡을 수도 있다. 단정함이란 어떤 것이 얻기에 좋다는 것을 의미한다. 단정함은 내게 숨을 참는 상태나 정지된 만화 화면을 떠올리게 한다. 글쓰기란 그 반대로 숨 쉬고 움직이는 것을 필요로 하는데 말이다."

– <글쓰기 수업>, 앤 라모트, 75~76p.

글쓰기를 즐길 수 있는 유일한 방법은 어린아이가 놀이터에서 놀 듯, 그저 그 행위를 즐기는 것이다. 어린아이가 놀이터에서 놀 때 완벽을 추구하거나 좀 더 잘 놀기 위해 의식을 집중하거나 낭비하지 않듯, 당신도 그렇게 해야 한다.

그러므로 이제부터 좀 더 잘하려고 노력하지 마라. **마음을 비우고 글쓰기에만 집중하라.** 그것이 글쓰기를 즐길 유일한 방법이다.

그렇게 글쓰기를 즐기면 매일, 자주 쓰게 될 것이다. 그리고 사람은 즐거운 일을 할 때 가장 창조적으로 변한다. 그렇게 여러 가지 조건과 상황이 잘 맞아떨어지면, 그 사람은 위대한 작가로 성장할 수 있다. 공자가 위대한 성인이 될 수 있던 단 한 가지 이유는 '공부를 즐겼기 때문'이다, 이처럼 당신이 위대한 작가가 될 수 있는 한 가지 방법도 '글쓰기를 오롯이 즐기는 것'이다.

고통, 즉, 고진감래가 아니라, 즐거워야 더 큰 성과가 창출되고, 즐거움이 더 큰 즐거움을 불러온다. 책 쓰기에도 이 원리를 적용할 수 있다.

제3장

망하거나! 쉽게 쓰거나 책 쓰기!

작가가 되는 가장 확실한 방법

작가가 될 수 있는 가장 확실하고 유일한 길은 '무조건 글을 써야 한다는 것'이다.

이것을 제외하고 그 어떤 것을 하더라도 글을 쓰지 않으면 작가가 될 수 없다.

나는 '진정한 작가'란 글을 쓰고 있지 않을 때는 살아 있다는 느낌을 느끼지 못하는 사람이라고 생각한다. 작가라면, 글을 쓰는 것이 인생의 전부가 되어야 한다.

그런 사람은 평생 단 한순간도 글을 쓰지 않는 순간이 없는 사람이다. 아무런 대가도 바라지 않고, 그저 글 쓰기에 완전히 매료되어 글을 쓸 수 있는 사람, 그것도 평생 글을 쓸 수 있는 사람이 바로 작가이다.

한 가지 장담할 수 있는 것은 글을 쓰는 것을 포기하지 않고 매일 일정한 분량의 글을 쓰고, 또 그렇게 쓰는 사람은 반드시 작가가 될 수 있다는 사실이다.

당신이 작가가 되고 싶다면 반드시 멈추지 않고 해야 할 것이 글을 쓰는 행동이다. 당신이 무엇인가가 되고자 한다면 그것이 될 수 있는 가장 좋은 행동을 선택한 후 그 행동을 끊임없이 반복하면 된다.

이미 행동의 중요성을 강조한 사람이 적지 않다.

프랑스의 철학자 사르트르는 "인간은 행동으로 자기 자신을 만들어 간다"라고 말했다.

독일의 시인 요한 볼프강 폰 괴테는 "아는 것만으로는 부족하니 실천이 따라야 한다. 원하는 것만으로는 부족하니 행동이 따라야 한다"라고 말했다.

작가가 되는 길, 작가가 되는 방법을 아는 것만으로는 부족하다. 행동해야만 한다. 작가가 되고자 원하는 것만으로는 부족하다는 것이다. 행동이 따라 주어야만 한다.

위대한 작가는 결코 하루아침에 만들어지는 것이 아니다. 오랜 인고의 세월을 견뎌 내야만 한다. 오랜 인고의 세월을 견뎌 낸다는 것은 결국 포기하지 않고 행동한다는 것이다. 평생 책을 쓰고 오랜 인고의 세월을 견뎌 낸다고 해도 위대한 작가가 된다는 보장은 없다. 하지만 평범한 작가는 누구나 쉽게 될 수 있다. 평범한 작가든 위대한 작가든 시작은 행동이다. 실천이다.

행동을 멈춘다는 것이 바로 포기하는 것이기 때문이다. 어느 분야에서든 이러한 원리는 같다고 볼 수 있다.

그런데, 여기서 한 가지를 더 생각해 봐야 한다. 무조건 의지만으로 평생 할 수 있을까? 여기에 관건은 **얼마나 쉽게 할 수 있느냐**에 있다. 즉, 쉽게 책을 쓰는 사람과 한 권의 책을 쓸 때마다 너무나 많은 힘이 드는 사람이 있다면, 이 중에 어떤 사람이 작가로 성공할 것 같은가?

아무래도 쉽게 책을 쓰는 사람이 성공 확률도 높다. 어렵고 힘들게 쓰는 사람보다 훨씬 더 많은 양의 책을 쓸 수 있기 때문이다. 그리고 양이 질을 압도하고 이끈다. 그래서 이렇게 말하고 싶다.

"책 쓰기! 쉽게 쓰거나, 망하거나 둘 중 하나다."

작가가 되지 못하는 이유

많은 작가 지망생이 결국에는 작가가 되지 못한 채 인생의 대부분을 낭비하고, 꿈을 이루지 못하는 가장 큰 이유는 '좋은 글을 쓰지 못할 것이라는 두려움' 때문이다. 너무나 많은 우수한 자질의 작가 지망생이 좋을 글을 쓰지 못할 것이라는 걱정과 두려움으로 시작도 하지 못하고 포기하거나, 힘겨운 시작을 했음에도 한두 번 실패에 영원히 포기해 버린다.

즉, 글쓰기라는 결정적인 행동을 하지 못하게 막는 것은 결국 두려움이다. 실패할까 봐, 자신의 글에 세상과 타인이 심한 혹평을 할까 봐, 부족한 글쓰기 실력이 탄로 날까 봐 두려워서 글 쓰는 행동을 자주 시도하지 못한다. 그렇게 적게 행동하므로 결국 경험을 통한 배움의 크기도 작아진다. 배우는 것이 적어지므로 발전과 성장이 부족해지고, 결국 매일 용감하게 글을 쓰고 또 쓰는 사람보다 못한 상태로 머문다.

오히려 당신보다 더 못했던 사람이 용감하게 실패를 무릅쓰고 두려움을 극복해 글을 씀으로써 당신의 수준을 쉽고 빠르게 추월한다.

매일 글을 쓰는 용감한(?) 평범한 능력의 사람이 천부적인 재능을 타고난 사람조차 몇 년 안에 추월해 버린다는 사실을 아는가?

심지어 아무리 천부적인 재능을 가지고 있다 하더라도 그것을 발견하지 못하고 시도도 하지 못한다면, 과연 어떻게 될까?

여러분은 아무것도 가진 것이 없던 평범한 사람들이 얼마나 많이 자신의 노력만으로 자신의 길을 개척하고 자신을 거장으로, 명품으로 만들어 나갔는지 알게 되면 놀라지 않을 수 없을 것이다.

그런데 그렇게 할 수 있던 단 한 가지 비결은 도전하고 행동하고 실패하고 경험함으로써, 남들보다 더 많은 것들을 매일 끊임없이 배워 나갔기 때문이었다. 이런 점에서 무조건 글을 쓰는 것, 무조건 행동하는 것, 즉 'just do it'은 최고의 성공비결이 아닐 수 없다.

경영이나 전략, 미래예측, 경제 분석과 같은 일을 할 때는 무조건 행동하는 것, 무조건 도전하는 것이 결코 최고의 방법은 아니다. 그래서 대학교에 경영학이나 미래 전략학과, 통계학과나 경제학과가 있는 것이다. 배울 수 있는 과목이고, 배우는 것이 배우지 않는 사람과 큰 격차를 만들어 내는 분야이기 때문이다.

하지만 글쓰기 학과는 대학교에 없다. 그것은 글쓰기라는 것이 이론만 배워서 되는 것이 아니라, 실습과 행동을 통해 향상해 나가야 하는 분야이기 때문이다. 그러므로 책 쓰기 수업을 통해 실습으로 쉽게 쓰는 법을 배우고 익히는 자는 성공의 무기를 하나 획득한 것과 다름없다.

마음과 방법을 바꾸어라

독자에게 읽히는 책 쓰기를 위해서 당장 배워야 할 책 쓰기 기술은 화려한 문장력이 아니다. 독자에게 읽히는 책을 쓰기 위해 당신에게 필요한 것은 쉽게 글을 쓰는 기술을 익히는 것이다.

많은 독자들은 오해할 것이다. 책을 쉽게 쓰는 것이 뭐가 그렇게 어려운 일이라는 것인지 의아해할 것이다. 하지만 책을 쉽게 쓴다는 것은 말처럼 쉽지 않다. 해보면 안다.

문장 쓰기도 마찬가지다. 쉬운 표현으로 명확한 글쓰기를 하는 것, 즉 문장을 쉽게 쓰는 것은 말처럼 쉽지 않다. 쉽게 명확한 표현으로 정확한 문장을 쓰는 것이, 어렵게 어려운 표현으로 모호하게 쓰는 것보다 열배 혹은 백배 더 어려운 것이다.

엄청나게 많은 시간과 노력을 들인 글일수록 쉽고 명확한 문장으로 탄생한다. 좋은 문장이란 바로 이런 문장이다. 쉬운 표현으로 간결하게 쓴 명확한 문장 말이다.

아름답고 화려한 문장보다는 쉽고 명확한 문장, 바로 이것이 기본에 충실하고 탄탄한 문장이다. 이 원칙은 제목을 작성할 때, 목차를 작성할 때, 서문을 쓸 때도 어김없이 적용되는 원칙이다.

기본에 충실하고 탄탄한 문장을 한마디로 말하면 어떤 문장일까?

바로 이런 문장이다.

- 구체적인 표현과 단어를 사용한 문장

- 수동태가 아닌 능동태를 쓴 문장

- 화려한 표현보단 쉬운 표현을 쓴 문장

- 접속사, 부사가 적은 문장

- 잘 읽히는 문장

- 리듬감이 살아 있는 문장

- 하나의 의미만 내포한 문장

그렇다면 어떻게 이렇게 탄탄한 문장을 쓸 수 있을까? 마음과 방법을 바꾸어야 한다.

천릿길도 한 걸음부터다. 과욕을 버려야 하고, 쉽게 쓸 수 있어야 한다. 글 쓰는 사람이 가슴에 새겨야 할 사자성어는 '과유불급'이다. 알다시피 정도가 지나치는 것은 미치지 못한 것과 같다는 말이다.

이 말은 글을 쓰려고 하는 사람들에게도 그대로 적용된다. 다시 말해, 너무 많이 쓰려고 해서도 안 되고, 너무 욕심을 내서 잘 쓰려고 해서도 안 된다는 말이다. 그것이 모두 지나침이기 때문이다. 그러므로 쓰기 수련을 하려고 하는 사람들은 '지나침'을 경계해야 한다.

쓰기와 관련하여 내가 얻은 교훈 중 하나는 "절반은 언제나 전체보다 낫다"라는 것이다. 놀랍게도 오래전에 이 말을 한 시인이 있었다. 그런데 더 놀라운 사실은 이 말을 인용한 위대한 철학자도 있었다는 사실이다. 바로 쇼펜하우어다.

그는 자기의 저서인 〈쇼펜하우어 문장론〉에서 시인의 말을 인용하여 다음과 같이 글쓰기를 설명하였다.

> "저술가는 독자의 시간과 노력, 그리고 무엇보다 인내력을 낭비하게 해서는 안 된다. 이처럼 양심적인 태도로 글을 쓸 때만이 나름대로 가치를 인정받게 되고, 독자의 신뢰도 얻게 될 것이다. 무의미한 문장을 더 써넣는 것보다 차라리 좋은 문장이라도 문맥상 거슬린다면 과감히 잘라내는 편이 훨씬 낫다. 절반은 언제나 전체보다 낫다. 헤시오도스의 격언은 바로 이런 경우를 두고 한 말이다."
>
> **– <쇼펜하우어 문장론>, 아르투르 쇼펜하우어**

결론은 과욕을 부리지 말라는 것이다. 주저리주저리 자신을 제대로 표현하기 위해, 글을 잘 쓰기 위해, 이 말도 하고 저 말도 하지 말라는 것이다. 즉, 부족한 것이 지나침보다 언제나 더 낫다는 것을 명심하자.

시간이 딱 1분밖에 남지 않았다고 생각하고 자신이 정말 하고 싶은 말, 정말 해야 할 말만을 하는 작가가 되어야 한다. 그 이상의 말은 당신을 독자의 시간과 에너지를 훔치는 시간 도둑으로 만들기 쉽다.

말을 아껴라. 그것이 당신이 독자를 아끼는 최고의 방법이다.

책을 쉽게 쓰기 위해 당신이 바꾸어야 할 것은 책 쓰는 방법이다. 책 쓰기는 야간에 하는 자동차 운전과 같다. 자동차 운전처럼 하면 부산에서 서울까지도 갈 수 있다.

당신은 차의 헤드라이트가 비춰 주는 곳까지만 바라볼 수 있을 뿐이다. 그런 식으로 목적지까지 갈 수 있다. 운전해서 목적지를 찾아갈 때, 운전하는 순간에는 절대로 목적지를 봐서는 안 되고 볼 수도 없다. 운전하는 순간에는 눈앞에 펼쳐진 광경과 신호등만을 주시해야 한다.

그러면 운전자는 목적지를 볼 필요도 없고, 다만 5~10m 앞만 보면 된다. 간혹 옆 차선과 뒤를 봐주면서 운전해 나가면 된다. 그렇게 하다 보면 어느새 목적지에 도착한다. 너무 많은 사람이 목적지만 생각하고 큰 숲만 보려고 하기에 숲속에서 작은 오솔길을 지나가면서도 넘어지고 헤매게 되는 것이다.

부산에서 출발해서 서울까지 갈 때 처음부터 모든 길을 다 외우고, 목적지인 서울까지가 훤히 내다보여야만 운전을 잘할 수 있는 것은 절대 아니다. 그런 주행은 세상에 없다. 우리는 눈앞에 50m 정도만 볼 수 있다. 그 이상은 볼 수 없다. 그러므로 헤드라이트가 비춰 주는 눈앞의 길만 잘 가면 된다.

글쓰기를 할 때도 마찬가지다. 지금 쓰는 글에만 집중하여 앞글을 따라가듯 쓰면 된다. 차례를 구상하고 주제와 제목을 기획할 때, 이미 목적지와 그 목적지에 도달할 지도는 다 만들어 놓았음을 기억하라.

집필하는 순간에는 야간에 자동차 운전을 하듯, 헤드라이트가 비춰 주는 데까지만 보면서 나아가면 된다. '지금 당장' 자신이 쓸 것만 생각하면 된다는 것이다. 너무 많은 양이나 질을 생각하지 마라. 한 시간 후에 쓸 것을 지금 생각하지 마라. 당신의 뇌는 유한한 자원이다. 분산시키고 흩어져 버리면 결국 아무것도 될 수 없다.

넘칠 듯 위태위태한 잔을 들고 다니지 마라. 물은 그 순간에 필요한 정도로만 있으면 충분하다.

생각이 복잡하면 버려라

책을 쓴다는 것은 자신을 비운다는 것이다. 책을 쓴다는 것은 자신을 세상에 드러낸다는 것이다. 권위와 체면과 거짓과 가식을 비워야 그것이 가능하다. 특히 무엇보다 마음을 비워야 한다. 마음을 비워 책을 쓸 수 없는 사람들은 작가로 대성하기 힘들다. 마음을 비우고 써야 하는 이유는 이것이다….

무엇인가 기준을 정해 놓고 그것에 자신의 글을 짜 맞추려고 하면 글을 망치기 십상이다. 세상이 정해 놓은, 누군가가 정해 놓은 좋은 글, 멋진 글이라는 조건을 갖추기 위해서는 자신의 글을 고치고 또 고쳐야 한다. 그러다 보면, 결국 책 쓰기가 아닌 '고쳐쓰기'로 변질된다. 그러면 글 쓰는 것 자체가 힘들고 고역이 된다. 쉽게 책을 쓸 수 없는 이유가 바로 이것이다.

대부분 작가는 글쓰기를 하지 않고, 고쳐쓰기를 한다. 왜일까?

세 가지 경우가 있다. 첫 번째는 조금 더 잘 쓰려는 생각, 즉 욕심이다. 두 번째는 독자에 대한 예의라는 생각이다. 세 번째는 독자가 자신의 형편없는 책을 읽고 욕할 것이 두려워서다.

타인을 의식하기 때문인 경우도 있고, 자신의 명예와 권위와 체면 때문인 경우도 있다. 더 잘 보이고 싶고, 더 잘 쓰고 싶은 욕망 때문에 그렇다. 이런 고쳐쓰기가 나쁜 것은 절대 아니지만, 절대적으로 바람직한 것도 아니다.

결국, 이렇게 글쓰기가 아닌 고쳐쓰기로 베스트셀러 작가가 된 이들의 한결같은 문제는 그 글 속에 자신의 진정한 목소리를 담지 않고 있다는 것이다.

글은 자신을 반영한다. 글에 자신을 담는 최선의 길은 자주, 규칙적으로, 자유롭게, 자발적으로, 자연스럽게 글쓰기를 하는 것이다. 글은 그렇게 써야 한다. 글은 말하듯이, 자연스럽게 써야 한다.

글은 자신의 표현수단이며, 그 이상도 그 이하도 아니다. 욕심을 부려서 좀 더 잘 보이려고 해서도 안 되는 이유가 이것이다. 자신의 원래 목소리를 버리고 가성으로 음악방송에 출연하는 것은 뭔가 가식적이다. 그렇지 않은가? 고쳐쓰기를 너무 많이 하는 것은 자신의 진짜 목소리를 버리고, 가성으로 독자를 만나는 것과 다름없지 않은가?

책 쓰기는 자기 수양이고 자기 성찰이다. 그리고 자신, 그 자체다. 더 나아가 책 쓰기는 인생 그 자체다.

책 읽기가 남의 인생을 배우고 경험하는 것이라면, 책 쓰기는 자신의 인생을 세상을 향해 내던지는 것이다. 그래서 책 읽기와 책 쓰기는 뿌리는 같지만, 열매가 다르고 모습이 다르다.

책 쓰기는 결국 자신을 세상에 내보이는 일일 뿐이다. 책을 쓰는 사람은 반드시 진솔해야 한다. 진실을 말해야 한다. 당신이 쓴 책이 당신을 말하기 때문이다. 그러므로 책 쓰기는 자신을 비우는 일인 동시에 세상에 자신을 내보이는 일이다.

당신이 책을 쓰는 가장 큰 이유는 자기 자신에게 있어야 한다. 자기 자신이 달라지고 성장하고 변해야 한다. 책 쓰기는 자신의 운명을 바꿀 정도로 자기 혁명적이었다. 하지만 이제는 책 쓰기를 하지 않으면 뒤처지는, 생존을 위한 도구가 되었다.

불과 몇 년 전에는 책 쓰기가 성공의 도구였다. 그래서 책 쓰기를 통해 인생이 바뀐 사람도 한둘이 아니었다. 책 쓰기가 그렇게 큰 위력을 가진 이유는 책 쓰기를 통해 어제의 자신이 비워지고, 새로운 내일의 자신이 담기기 때문이다. 그것이 바로 성찰이고 성장이고 변화이다. 책 쓰기의 이런 비밀과 영향력은 아직도 유효하다.

너무 잘 쓰려고 하지 말고 무조건 쓰라

"무조건 쓰라. 기를 꺾는 내면의, 혹은 외부의 어떤 말도 무시하라. 끈질기면 항상 얻는 게 있다."

– 로버타 진 브라이언트

작가는 거창한 그 어떤 것도, 위대한 영웅들만 하는 것도, 천재들만 해야 하는 것도 아닌, 사실 아무것도 아니다.

작가는 그저 글 쓰는 사람일 뿐이다. 천재도, 영웅도, 석학도, 박사도 아니다. 그저 글을 쓰는 사람이 작가이다.

작가가 되기 위해 그 어떤 학벌도, 그 어떤 자격도 필요 없다. 당신이 쓴 글에 누가 점수를 매기는 것도 아니다. 점수를 매긴다 해도 그 점수가 당신의 모든 것을 대변할 수는 없다. 그리고 그 점수는 누군가에 의해 매겨진 것이므로 그 점수가 그 글에 대한 정확한 평가일 수도 없다. 더 중요한 사실은 최악의 점수를 받는다고 해도 글을 쓴 것만 해도 당신은 성공이라는 사실이다. 왜냐하면, 당신의 글은 하루하루, 차츰차츰 향상될 것이 분명하기 때문이다.

더 중요한 사실은 세계적인 거장들의 초창기 때 글이 당신의 글보다 더 형편없었다는 사실이다. 형편없던 글이 노력에 따라 하루가 다르게 성장해 가는 것보다 더 아름다운 일이 이 세상에 또 있을까?

그러므로 당신이 해야 할 가장 첫 번째 일은 글쓰기에 관한 부담을 떨쳐 버리고, 처음부터 너무 잘 쓰려고 하는 마음을 버리고, 무조건 쓰는 것이다.

글쓰기에 관해서 부담을 느끼지 않는 방법의 하나는 글쓰기에 진정으로 미치는 것이다. 글쓰기에 미치면 부담감을 가질 여유도, 기회도, 감정도 허락되지 않는다. 그저 미칠 뿐이기 때문이다. 이런 위대한 사람이 위대한 예술가와 거장이 되는 경우가 많다. 그 이유는 미칠 때 무엇인가를 이룰 수 있는 초능력을 발휘하기 쉽기 때문이다.

또, 한 가지 글 쓰는 쉬운 방법은 글쓰기를 어린아이가 놀이터에서 노는 것과 같은 놀이라고 생각하는 것이다. 글쓰기를 하나의 게임처럼 시도하면 부담감을 느끼기보다는 전율을 느끼기 때문이다.

명심하라. 어린아이들은 놀이터에서 놀기 전에 놀이에 대한 부담감을 느끼지 않는다. 그저 즐길 뿐이다. 글쓰기도 그렇게 해야 한다.

당신이 즐겨야 독자도 즐겁다.

제4장

책 쓰기, 당신도 쉽게 할 수 있다

쉽게 책을 쓰는 성공 원리, FLOW

성공하는 쉽게 책 쓰기 비결이 있다. 쉽게 책 쓰기에 성공하기 위해서는 필력도 중요하고, 문장력도 중요하다. 책의 전체 내용을 구상하는 것도 중요하다. 하지만 제일 중요한 것은 'Flow'다.

먼저 'F'- Fun, 재미가 있어야 한다.

책은 무엇보다 재미있어야 한다. 재미가 없으면 책이 아니다. 재미가 없고 중요한 내용으로 가득 차 있는 책을 우리는 교과서라고 부른다. 절대 자신의 책을 그것도 대중과 호흡해야 할 저서를 재미 요소가 하나도 없는 교과서로 전락시키지 마라. 그것은 죄악이다.

두 번째 'L'- Lamp, 등잔불이다.

책은 독자의 어둡고 혼탁해진 생각을 한순간에 붙잡아서 밝혀 주는 등잔불 같은 역할을 해야 한다. 이런 책은 절대 실패하지 않는다.

그런 책들은 바로 램프와 같다. 한 줄기 빛이 되어 주는 책! 얼마나 멋진가! 독자가 가장 원하는 책이 바로 이렇게 도끼가 되고 등잔불이 되어 주는 책인 것이다.

세 번째 'O'- Opportunity, 기회다.

책이라면 독자에게 삶을 바꿀 기회를 제공해야 한다. 최소한 일상이라도, 아니면 생각이나 고정관념을 바꿀 기회를 제공해야 한다.

책은 한마디로 기회다. 기회가 되어 주는 책을 찾아서 읽어야 한다. 어떤 책도 나름대로 읽는 독자의 수준과 사고력에 따라서 충분히 기회가 될 수 있다는 것은 또 다른 마법과 같은 이야기인지도 모른다. 나 역시 도서관에서 만난 그 많은 책이 모두 하나하나의 기회였기에 어제와 다른 삶을 이렇게 누리면서 살아가게 된 것이다.

네 번째 'W'- Worth, 가치가 있어야 한다.

책은 모름지기 나름의 가치가 있어야 한다. 가치란 누군가에게 유익한 것이다. 누군가를 깎아내리는 책, 헐뜯는 책은 가치가 없다. 그러므로, 누군가에게 유익이 되는 책, 독자들이 충분히 읽을 만한 가치가 있는 책을 쓰는 것이 중요하다. 더 중요한 것은 시간이다. 지금 가치 있는 책도 좋지만 100년 후에도 더 가치 있는 책이면 더 좋다.

이 네 가지를 지키면 실패하지 않는다. 독자들이 좋아할 것이기 때문이다.

책 쓰기 대중화 시대다

〈한 달에 한 권, 퀀텀 책 쓰기〉라는 책을 아직도 읽어 보지 않았다면 당신은 큰 손해를 본 것이다. 5년 동안 수백 명에게 책 쓰기 수업을 했던 경험과 노하우를 고스란히 담은 책이기 때문이다. 이론에만 치우친 책들은 너무 많다. 물론 나름대로 다 가치 있지만, 이 책이 조금 더 가치 있다고 할 수 있다. 이론에 경험을 더했기 때문이다.

지금은 독서 대중화 시대가 아니다. 이미 독서 시대는 끝났다. 독서만 해서는 인생이 바뀌지 않기 때문이다. 인생을 바꾸기 위해서는 어마어마한 힘과 시스템이 필요하다. 그런 어마어마한 것들을 구축시키게 해주는 경험에는 무엇이 있을까?

과거에는 학벌이나 인맥이면 어느 정도 인생을 바꿀 수 있었다. 하지만 지금은 그것도 힘들다. 이제는 오로지 자기 자신만을 믿어야 한다. 자신의 실력과 내공이 점점 더 중요한 시대가 되었다.

이런 시대에 바로 당신이 믿을 수 있는 책이 〈퀀텀 책 쓰기〉다.

이 책을 통해 당신은 성공하는 데 필요한 시스템과 환경을 스스로 구축할 수 있다. 그 시스템 중 가장 중요한 것은 당연코 책 쓰기다.

한 달에 한 권씩 책을 쓴다면 어떨까?

3년 안에 당신의 인생이 달라질 것이고, 당신 자체가 엄청난 변화와 성장을 이룰 것이다. 이것보다 더 큰 인생 혁명이 어디 또 있을까? 처음에는 이 책을 옆에 두고 '6개월에 책 한 권 쓰기'를 목표로 도전해 매일 실천해 보라.

"당신에겐 정말 인생을 변화시키고자 하는 뜨거운 열망이 있는가?"

"아니면, 그저 성공하고 싶은 욕망만 있어, 손가락 하나 까딱하는 것조차 싫어하는 사람인가?"

말뿐인 사람이 아니라면 지금 당장 일어나 노트북을 열고 책 쓰기 시작하라. 6개월에 책 한 권 쓰기는 충분히 가능하다. 생애 최초의 책을 쓰고 나서, 그다음에는 3개월에 책 한 권 쓰기에 도전하라.

누구나 처음에는 다 실패자다. 한 번도 넘어지지 않고 걷기에 성공한 사람은 한 명도 없다. 오히려 수천만 번 더 실패하고 넘어져 봤기에 지금은 아주 능수능란하게 걷는다. 책 쓰기도 이와 다르지 않다. 수천만 번 책 쓰기에 실패한 사람만이 책을 잘 쓰는 사람으로 성장한다.

세상에 공짜는 없다. 당신이 책을 못 쓰는 단 한 가지 이유는 책 쓰기에 도전하지 않았거나, 다만 실패를 너무 적게 했기 때문이다. 더 많이 실패하고, 더 많은 좌절을 겪어야 한다.

인생의 실패자들은 꿈만 꾸지만, 성공하는 자들은 도전하고, 실패하고, 배우고, 책을 쓴다. 미래에 승자가 되는 사람들은 내일을 기다리지 않고, 지금 당장, 오늘 한 문장이라도 쓰고, 그 위에 또 한 문장을 쓴다. 이것이 책 쓰기다.

인생의 실패자들은 오늘 절대로 한 문장도 쓰지 않는다. 오늘 쓰지 않고, 내일 작가가 될 것이라고, 그저 꿈만 꿀뿐이다. 오늘 내가 쓴 한 문장이 우리를 바꾸고, 오늘 실천한 책 쓰기가 내일을 눈부시게 만들어 준다.

> "책 쓰기가 정말로 재미있냐고 반문할지도 모른다. 하지만 사실이다. 책 쓰기만큼 재미있는 일도 세상에 없다. 행동을 통해 얻는 즐거움도 즐거움이지만, 필자가 강조하고 싶은 것은 그 행동의 결과로 얻는 삶의 즐거움이다. 책 쓰기를 하면 쉽게 인생을 바꿀 수 있을 뿐만 아니라 자신을 변화시키고 성장시킬 수 있다. 이것이 가장 큰 책 쓰기의 즐거움이다."
>
> **– <한 달에 한 권, 퀀텀 책 쓰기> '책 읽기보다 책 쓰기가 더 쉬웠어요', 저자, 80p.**

> "여섯 번째, 한 권의 책은 졸업장이나 자격증보다 더 사회적으로 인정을 받게 해주는 강력한 권위를 가지고 있다. 이삼십 년 전에 받은 졸업장보다 몇 년 전에 출간한 한 권의 책이 더 전문가로 평가받을 수 있게 해 준다. 하버드 대학교의 졸업장이 없어도, 자신의 이름으로 된 책들이 권위를 만들어 준다."
>
> **– <한 달에 한 권, 퀀텀 책 쓰기> '책 쓰기는 새로운 인생을 창조한다', 저자, 115p.**

현대인의 필수과목이자 생존 무기, 책 쓰기

'삼성맨'이 개발한 책 쓰기 기법, 한 달에 한 권 퀀텀 책 쓰기, 당신도 한 달에 한 권 책을 쓸 수 있다. 3년 1만 권 독서가 10년 100권 책 쓰기보다 훨씬 쉬운 일이라는 것이다. 그래서 3년 60권 책 쓰기를 한 사람이 그렇게 많지 않다.

사실대로 이야기하면 대한민국에서 이렇게 10년 동안 100권 이상, 1년에 10권 이상 책 쓰기와 출간을 할 수 있는 사람은 실제로는 많이 존재할 수도 있지만, 팍팍한 현실에서 실제로 이를 이룬 사람은 드물다. 이 책의 저자가 그중에 한 명이다.

당신이 평범하게 살고 싶다면, 그냥 살면 된다. 하지만 위대한 삶을 살고 싶거나 그것까지는 아니더라도 좀 더 눈부신 미래를 만들고 싶다면, 그것도 아니면 최소한 어제와 다른 인생을 살아 보고 싶다면, 즉 인생을 바꾸고 싶다면, 책을 써라. 그것만이 가장 쉬운 방법이고 아무것도 없는 당신조차도 지금 당장 도전할 수 있는 유일한 인생 혁명의 도구이기 때문이다.

똑같은 능력, 비슷한 가정환경의 똑같은 지적 능력을 갖춘 하버드생들이 왜 성공적인 대학 생활을 하는 부류와 실패해 중퇴하거나 포기하는 부류로 나누어지는 것일까?

하버드대 교육학 리처드 라이트 교수는 그 결과는 바로 글쓰기 능력이라고 결론을 내렸다. 형편없는 글쓰기라도 매일 꾸준히 한 사람과 그렇지 않은 사람 사이에 차이가 난다. 물론, 지금 당장은 차이가 나타나지 않는다. 하지만, 몇 년 후부터 나타나는 차이가, 10년 후에는 넘지 못하는 격차로 벌어진다. 이것이 글쓰기의 위력이다.

책 쓰기만큼 좋은 성공 도구는 없다. 책 쓰기만큼 좋은 공부는 없다. 책 쓰기만큼 좋은 힐링은 없다. 성공한 사람들은 누가 시키지 않아도, 계속해서 책을 쓴다. 계속해서 책을 쓰면 쓸수록 더 좋은 일들이 많이 생기고, 더 많은 변화가 일어난다. 책 쓰기가 마법인 이유는 세상의 모든 일이 대부분 "하나 더하기 하나는 두 개"인 반면, 책 쓰기는 "하나 더하기 하나가 100개도 되고, 1,000개도 되기 때문"이다.

책 쓰기는 새로운 인생을 창조한다.

책 쓰기가 삶을 바꾸는 가장 강력한 도구가 되는 근본적인 이유가 바로 여기에 있다. 혼자 조용히 책 쓰는 시간이 우리의 삶을 바꾸기 때문이다. 혼자 있는 시간은 성장의 시간이다. 혼자 조용히 책 쓰는 시간이 우리 삶을 바르게 정비하고, 개척하고, 새로운 길을 만드는 순간일 뿐만 아니라 인생을 바꾸는 가장 소중한 순간이다.

책 쓰기는 부침이 많은 인생에서 우리를 흔들리지 않게 붙잡아 주는 반석과도 같은 존재다. 책 쓰기를 하는 사람은 훨씬 적게 흔들린다. 그래서 늘 꾸준한 것이고, 늘 성장하는 것이다. 하루하루 일희일비하지 않고, 늘 평상심을 유지할 수 있다. 그것이 책 쓰기의 힘이다.

책 쓰기가 좋은 이유는 책 쓰는 사람들은 대부분 글을 쓰며 사는 인생에 큰 만족을 느낀다는 점이다. 그래서 글을 쓰며 평생 산다 해도, 큰 성공이나 부를 이루지 않아도, 출세하지 않아도 크게 불행하지 않다고 생각한다. 글을 쓰면 산다는 것 자체가 큰 축복이며 특권이며 일종의 성공이기도 하기 때문이다. 이래도 책 쓰기를 하지 않겠는가?

당신도 빨리 시작할수록 좋다.

게다, 이제 책 쓰기는 현대인의 필수과목이다.

참으로 책 쓰기 좋은 시대를 만났다. 세상의 모든 기운과 환경이 책을 쓰는 사람을 돕는다. 인류 역사상 이렇게 책 쓰기 좋은 시대는 없었다. 이제 당신도 책 쓰며 사는 인생에 도전해 보는 것이 어떨까?

더는 머뭇거리지 마라. 우물쭈물하다가 아무것도 하지 못한다.

책 쓰기가 아무리 힘들어도, 우물쭈물한 인생에 비하면 고통이 오히려 덜하다고 할 수 있다. 일정 기간 집필을 쉴 수도 있고, 멈추어도 된다. 인생을 힘들게 버티며 산다고 해서 부와 명예가 주어지는 것은 아니다. 하지만 책 쓰기는 다르다.

말했듯, 책 쓰기는 정작 힘들고 어려운 것도 아니고, 특별한 능력자들만 해야 하는 것도 아니고, 전문 자격증을 획득한 사람들, 즉 전문가들만이 해야 한다는 법이나 규정도 없다. 책 쓰기는 즐거움이며, 특권이다. 그뿐 아니라 책을 쓰면 그 결과는 사람에 따라 천차만별로 발생한다.

어떤 초보 작가는 생애 첫 번째 책으로 인세만 수천만 원 혹은 수억 원을 벌기도 한다. 인세뿐만이 아니라 베스트셀러 작가가 되면, 부수적인 수입과 후광 효과가 말할 수 없을 정도가 된다.

과거에는 특권층과 지식인들만 책 쓰며 사는 인생을 누렸다. 하지만 이제는 평범한 대중 역시 책 쓰며 사는 인생을 누릴 수 있다.

이제 모든 것은 본인의 결단과 행동에 달려 있다.

가장 쉽게 책 쓰는 법 배우기

훌륭한 작가가 되려면 어떻게 해야 할까?

앞서 말했듯, 문장력을 갖추었다고 바로 훌륭한 작가가 되는 것은 아니다. 자신의 문장력이나 필력만 믿고 자기가 하고 싶은 이야기만 주저리주저리 세상에 내뱉는 자는 심하게 말해서 작가의 자격이 없다.

작가는 이 세상과 사람들로부터 무엇인가 주문을 받는 사람이므로 무엇을 만들어 내야 한다. 지금부터 훌륭한 작가가 갖춰야 할 중요 요소들에 관해 이야기하고자 한다.

이제, 훌륭한 작가가 되려면 3C를 기억하자.

첫 번째는 커스터마이저(Customizer) 이다.

연극, 영화, 음악 등등 많은 분야에서 그렇듯 반드시 관객이 있어야 한다. 작가도 마찬가지다. 독자가 있어야 하고 독자를 생각해야 한다.

세상이 원하는 글, 독자들을 깨우치는 글, 독자들의 삶에 영향을 주는 글, 독자들에게 용기와 희망을 주는 글….

즉, 독자들과 아무 상관없는 글을 쓰는 사람은 작가로 성공할 수 없다. 책 쓰기의 완성은 연극처럼 독자이기 때문이다. 독자들과 상관없는 글은 개인적인 일기다.

어떤 누군가 평생 일기만을 썼다고 해서 그 사람을 작가라고 부르지는 않는다. 독자들이 지닌 무언의 주문을 알아챌 수 있는 능력을 갖춰야 하고, 주문대로 제작해 낼 수 있어야 한다.

두 번째는 콘텐츠(Contents)다.

독자들에게 해줄 수 있는 자기만의 독특한 말, 즉 콘텐츠를 만들어 내야 한다. 필력이 아무리 좋은 작가라 할지라도 책에 내용이 없다면 오래가지 못한다. 남과 다른 자기 자신만의 콘텐츠가 되기 위해 특별하고 희소성이 강해야 한다.

직접적인 경험도 매우 중요하지만 간접 경험도 많이 중요하다. 직접 경험은 시간과 공간의 한계가 있고, 한 사람만이 경험할 수 있는 범위라 제한적이다. 반면에 간접 경험은 시공간의 한계가 없고 무한한 경험이 가능하다. 간접 경험하기 가장 쉬운 것은 독서이다. 즉, 책을 많이 읽는 사람은 그만큼 잘 쓸 수밖에 없다.

만약, 많은 책을 읽고 싶은데 독서력이 부족해 스트레스인 사람이 있다면, 미국에서도 소문 듣고 건너와서 배우는 독서법 수업인 '김병완 칼리지 퀀텀독서법 수업'에 참여하길 추천한다. 다독을 위한 최적의 독서법을 안내하고 있다고 생각하기 때문이다.

"훌륭한 작가가 훌륭한 것은 단순히 우아한 문장을 교묘하게 다듬을 줄 알기 때문이 아니다. 그들이 훌륭한 것은 그들에게 할 말이 있고, 할 말을 바탕으로 독자와 적절한 관계를 형성할 줄 안다."

– 바버라 베이그

그가 말했듯, 훌륭한 작가의 조건은 콘텐츠와 독자와의 관계이다.

세 번째는 크리에이티브(Creative) 이다.

새로운 것을 끊임없이 창조해 낼 수 있는 작가만이 독자를 리드할 수 있는 훌륭한 작가가 될 수 있다. 생각해 보라. 누군가가 글을 썼는데, 내용이 전부 다 싫증 나고 새롭지 못한 내용이며 사람들이 다 알고 있는 지식과 정보라면 어떻게 될까? 훌륭한 작가가 쓴 책에는 창조적인 내용과 작가 자신만의 통찰이 담겨 있다.

피터 드러커의 책이 위대한 이유가 바로 이것이다. 그가 자신보다 더 똑똑한, 경영학적 지식으로 무장한 수천 명의 경영학자를 제치고 현대 경영학의 창시자가 될 수 있었던 것도 그의 창조성과 통찰력 때문이다.

훌륭한 작가란 자기만의 콘텐츠, 독자의 삶과 의식에 영향을 주며 독자와의 좋은 관계를 유지하고 사회와 인류의 진행 방향을 바꾸어 놓을 수 있을 만큼 창조적이고 남다른 통찰력을 갖추어야 한다. 그래서 훌륭한 작가는 문장력만으로는 절대 될 수 없다.

누구보다 쉽게 책을 쓴다고 이런 작가가 될 수 없는 것은 아니다. 책을 어렵게 쓴다고 영향력 있는 작가가 만들어지는 것은 아니다. 독창적인 작가여야 한다.

> "독창적인 작가란 누구도 모방하지 않는 작가가 아니라 아무도 모방할 수 없는 작가다."
>
> – 샤토브리앙

이렇듯 필력이 좋아도 피터 드러커를 모방할 수 없다.

자신만이 가진 콘텐츠와 창조성, 통찰력이 경쟁력이 된다. 좌절하지 말고 지금부터 시작하면 된다. 당신에게는 아직 충분히 많은 시간이 남아 있다. 성급하게 굴지 말고 하나씩 하나씩 만들어 나가면 된다. 다만, 너무 어렵게 하지 마라. 쉽게 책을 쓰는 방법은 얼마든지 있다.

제5장

가장 쉽게 책을 쓰는 글쓰기 팁 6가지

① 가장 잘 아는 것을 주제로 선택하라- 자신의 이야기를 쓰라

누구보다 쉽게 책을 쓰는 가장 확실한 방법은 주제 선정에 있다. 그것도 **자신이 가장 잘 아는 것을 주제로 선택**하는 것이다. 세상에서 이 분야의 이 주제는 내가 자신 있다고 생각하는 바로 그 주제를 선택하면 실패할 수 없다.

자신이 가장 잘 아는 주제를 선택하면 누구보다 쉽게 책을 쓸 수 있다. 필자가 5일 만에 책을 쓴 적이 있는 데, 그때 주제가 바로 '1시간에 1권, 퀀텀 독서법'이었다. 한 시간에 한 권, 퀀텀 독서법이라는 주제는 세상에서 필자가 가장 잘 아는 주제다. 왜냐하면, 필자가 창안한 독서법이기 때문이다.

그때, 이 세상에서 퀀텀 독서법이 무엇인지 아는 사람은 필자밖에 없었다. 그래서 누구보다 쉽게 마음대로 책을 쓸 수 있었고, 그 덕분에 책은 출간 즉시 베스트셀러가 되어 자기계발 분야 1위를 차지했다.

필자는 여태 100권이 넘는 책을 집필했다. 하지만 가장 빨리 쓴 책이 가장 잘 팔렸다. 즉, 쉽게 쓸수록 그것은 스스로 자신 있는 분야라는 의미이고, 그 덕분에 쉽게 쓰는 것은 곧 베스트셀러를 쓰는 일과 같다.

자신이 남들보다 잘 알지 못하는 주제를 선택하면, 어떤 문제가 생길까? 책을 쓰는 작가는 작가대로 힘들고 어렵고, 독자는 무슨 의미의 책인지 모호한 책을 읽으면서 시간을 낭비하고 혼란에 빠지는 악순환이 이어진다.

② 주제를 8글자로 구체적으로 명확히 하라

누구보다 쉽게 책을 쓰고자 한다면 주제를 8글자 이내로 명확히 하는 것이 중요하다. 매우 중요하다. 이 방법은 실제로 8년 동안 500명의 작가를 배출하면서 필자가 가장 긴요하게 사용한 '책 쓰기' 코칭 기술이다. 즉, 막연하게 인생을 행복하고 건강하게 성공하면서 잘 먹고 잘사는 법이라는 책을 쓰는 사람과 이 주제를 좀 더 명확히 하여 8글자 이내로 만든 후 책 쓰기를 하는 사람 사이에는 큰 격차가 발생한다.

주제를 8글자 이내로 하는 것도 중요하지만, 더 중요한 것은 **구체적으로 명확히** 하는 것이다. 위의 넓은 주제를 좀 더 구체적으로 하면 어떻게 될까?

바로 이렇게 된다. '대상도 구체적이어야 하고, 목표도 구체적'이어야 한다. 즉 '30대 가정주부가 즐겁게 사는 50가지 기술'이라는 주제가 더 쉽게 책을 쓸 수 있는 주제인 셈이다.

주제를 8글자로 명확하게 하지 못한다면 책을 쓰면 안 된다. 쓰는 것도 힘들고 독자도 읽지 않기 때문이다. 힘들게 썼는데 한 권도 팔리지 않는다면, 심지어 계약도 되지 않는다면 너무 억울하지 않은가?

책 쓰기를 열심히 시작했지만, 계약도 출간도 되지 않는다면 너무 억울하다. 그래서 출간할 때까지 절대 포기해서는 안 된다. 이것이 출간 작가가 되는 유일한 방법이다. 포기하지 않으면 반드시 출간된다. 이것은 진리다.

당신이 출간하지 못하는 단 한 가지 이유 역시 미리 포기하기 때문이다. 그러므로 절대 포기하지 마라. 포기하지 않고 도전하고 또 도전하는 사람 중에 출간하지 못한 작가는 단 한 명도 없다.

③ 기존에 없는 분야의 책을 써라

누구보다 쉽게 책을 쓰는 방법은 **기존에 없는 분야의 책을 쓰는 것**이다. 필자는 〈나는 도서관에서 기적을 만났다〉라는 '도서관 기적'이라는 새로운 분야의 책을 썼다. 그 덕분에 누구보다 쉽게 마음대로 책을 쓸 수 있었고, 베스트셀러도 되었다.

기존에 없던 분야, 기존에 없었던 제목이나 주제의 책을 쓰면 이 일이 훨씬 더 쉽고 빨라진다. 왜냐하면, 작가 자신이 그 분야에서 유일무이한 전문가가 되기 때문이다.

일반적인 독서법에 관해 책을 쓰면 기존에 있던 분야일 뿐다. 하지만 '48분 기적의 독서법'이나 '초서 독서법', '퀀텀 독서법', '플랫폼 독서법'처럼 무언가가 추가되면 새로운 독서법, 새로운 분야가 하나 더 만들어지는 것이다. 그래서 독자들의 반응도 좋고, 책도 쉽게 쓸 수 있다.

기존에 있는 분야에 대해 쓰면 아무리 잘 써도 이인자고, 후발 주자에 불과하다. 후발 주자가 되면 선두 주자를 따라잡는 것이 몇 배 더 힘들다. 등산한 적이 있다면 잘 알 것이다.

등산할 때 맨 선두에서 등산하는 것과 앞사람을 뒤따라가는 것 중에 어느 것이 더 힘이 들까? 해본 사람은 안다. 앞사람을 뒤따라갈 때 훨씬 더 힘들다.

기존에 없는 분야의 책을 쓰는 것은 선두에서 등산하는 것과 같다. 새로운 분야를 계속해서 만들면 된다. 걱정하지 말고 만들어라.

그러면 어떻게 만들면 될까?

필자의 책 쓰기 학교 수강생 중에 육아에 관한 책을 쓰고자 하는 작가가 있었다. 하지만 '독박 육아'를 비롯해서 '불량 육아', '책 육아', '아들 육아' 등 이미 너무 많은 육아 책들이 출간되어 있었다. 그래서 새로운 분야, 기존에 없는 분야를 하나 만들었다. 그것이 바로 '전뇌 육아'다.

명심하자.

당신도 새로운 분야의 책을 쓸 수 있고, 만들 수 있다. 머리를 약간만 사용해 보자. 장식품이 아니니까 말이다.

④ 집중 집필 기간을 정하라- 초고는 빨리, 퇴고는 천천히

누구보다 쉽게 책을 쓰고 싶다면 **집중 집필 기간을 정하는 것이 좋다.** 초고는 세상에서 그 누구보다 빨리 쓰고, 퇴고는 천천히 하는 것이 좋다. 이것이 책을 쉽게 쓰는 방법이다.

왜 집중 집필 기간이 있는 것과 없는 것에 차이가 있을까?

집중 집필 기간을 가지지 않고 책을 쓰면 책 쓰기가 힘들어지는 이유는 무엇일까?

그것은 책을 쓰다가 몇 주 쉬다가, 혹은 다른 일을 하다가 다시 책을 쓰려고 하면, 처음부터 책의 내용과 주제와 흐름을 다시 파악해야 하기 때문이다.

그리고 이런 일이 자주 반복되면 책을 쓰다가 먼저 제풀에 나가떨어지게 된다. 필자 역시 신들린 작가이지만, 책을 쓰다가 중간에 멈추었다가 몇 주, 혹은 몇 달 후에 다시 쓰는 경우, 매우 힘들다. 시간과 노력이 중복으로 들어가는 것이 아니라 서너 배 이상 들어간다.

만약에 책을 쓰기 시작한 날부터 멈추지 않고, 집중해서 계속해서 쓰면, 책 쓰기가 훨씬 쉬워지고 빨라진다. 이것이 집중 집필 기간의 마법이다.

집중 집필 기간을 정해서 책을 쓰는 작가는 책 쓰기가 즐겁고 쉬울 수밖에 없다. 인간은 무엇인가에 집중하면 엔도르핀이 나오는 존재이기 때문이다. 이것은 마치 '러너스 하이' 작용과 같다.

마라톤을 할 때 조금 뛰다가 멈추고 다시 뛰는 것을 반복하면, 러너스 하이를 경험하지 못할 뿐만 아니라 멀리 뛸 수도 없다. 관성의 법칙을 무시했기 때문이다.

반대로, 같은 속도로 집중해서 계속해서 뛰는 사람은 러너스 하이를 경험하고, 그것은 우리를 더 빨리 더 많이 더 쉽게 더 즐겁게 뛰도록 한다. 책 쓰기에도 '책 쓰기 하이high' 상태가 있다.

명심하라.

집중 집필 기간을 가지고 책을 쓰면 책 쓰기가 훨씬 더 쉬워진다.

⑤ 접근성이 좋은 내용을 쓰라

누구보다 쉽게 책을 쓰는 장치 중 하나는 접근성이 좋은 내용을 쓰는 것이다. 예를 들면, 자신의 집에서도 쉽게 접근 가능한 내용을 주제로 책을 쓰면, 책 쓰기가 쉬워진다. 하지만 국립 중앙 도서관에 가야만 접근 가능한 내용을 쓴다면, 이야기는 달라진다.

생각해 보자. 30~50년 전보다 지금 이 시대가 책 쓰기가 훨씬 더 쉬워졌다. 그 이유는 무엇일까? 지식과 정보의 접근성 때문이다. 접근성이 굉장히 좋아졌다. 인터넷과 스마트폰, e-book 덕분이다.

또 한 가지 이유는 노트북 때문이다. 과거에는 만년필이나 볼펜으로 원고지에 책을 썼다. 하지만 지금은 대부분 작가가 노트북으로 책을 쓴다. 누가 더 책을 쉽게 쓸 수 있을까?

당연히 노트북이다. **책 쓰기에 가장 적합하고 편리한 환경을 구축하는 것도 책을 누구보다 쉽게 쓰는 방법이 된다.** 집 앞이 바로 도서관인 사람이 도서관까지 가는 데 1시간 이상 걸리는 사람보다 훨씬 더 책을 쉽게 쓸 수 있다.

자신의 집에 책이 5,000권 있는 사람이 500권도 없는 사람보다 책을 쉽게 쓸 수 있다. 지식과 정보, 책에 대한 접근성이 좋기 때문이다.

접근성이 좋은 내용을 쓰는 것이 쉽게 책을 쓰는 방법이다.

⑥ 본문을 가장 나중에 쓰라- 책 쓰기의 순서를 지켜라

누구보다 쉽게 책을 쓰는 방법은 책 쓰기의 순서를 지키는 것이다. **책 쓰기가 쉬워지려면 반드시 지켜야 하는 순서는, 구상과 구성의 순서를 지키는 것과 서문과 본문의 순서를 지키는 것이다.**

본문 대신 서문부터 쓰는 사람과 무작정 본문부터 쓰는 사람이 있다. 후자는 갈수록 책 쓰기가 힘들어진다. 하지만 순서를 잘 지켜서, 구상하고, 그다음에 구성한 후, 서문을 쓰고, 그다음에 본문을 쓰면, 책 쓰기가 한결 쉬워지고 빨라진다.

본문은 무턱대고 쓰면서, 본문을 쓰는 것을 책 쓰기의 모든 것으로 생각하는 사람은 정말로 책 쓰기의 하수다. 책 쓰기의 고수일수록 본문을 가장 나중에 쓴다. 심지어 출판사와 계약이 된 후부터 본문을 쓰기 시작한다.

이 한 가지를 명심하라.

본문은 가장 나중에 쓴다. 책 쓰기의 최고수는 출간 기획서를 다 쓴 후에 본문을 쓴다. 하지만 하수일수록 본문을 가장 먼저 쓴다.

출간 기획서를 다 쓴 후에 본문을 쓰는 사람과 목차 구성이 되었다고 본문을 쓰는 사람의 차이는 무엇일까?

같은 사람이 책을 써도, 전자의 경우 훨씬 더 책을 쉽게 쓸 수 있을 뿐만 아니라 잘 쓸 수 있다. 그 이유는 출간 기획서를 작성하면, 내가 쓸 책의 장단점, 경쟁 도서와의 비교 분석, 내 책의 특징, 내가 이 책을 쓰는 출간 의도 등 내 책의 모든 것을 한 번 더 정확히 파악한 후, 책을 쓰기 시작하기 때문이다.

필자가 6시그마 전문가로 프로젝트를 수행할 때도 이런 원리는 정확히 적용되었었다. 프로젝트를 시작할 때, 무턱대고 계획이나 기획도 없이 하는 것과 처음부터 끝까지 프로젝트의 모든 것을 파악하고 분석한 후 비로소 시작하는 것에는 큰 격차가 있다.

무턱대고 아무 기획이나 준비, 분석도 없이 시작하면 초반에는 진도가 빠른 것 같다. 하지만 갈수록 프로젝트 수행이 어려워지고 심할 때는 프로젝트를 포기하거나 실패로 끝내게 된다. 이런 경우 아무리 성과가 좋아도 기대 이상의 결과를 내기 힘들다.

하지만 프로젝트를 시작하기 전에 모든 것을 분석하고, 준비하고, 기획한 후에 시작하면, 처음에는 다른 팀보다 진도가 훨씬 더 늦지만, 갈수록 프로젝트 수행이 쉬워지고, 빨라진다. 그래서 곧 다른 팀을 이길 뿐만 아니라 성과가 월등히 좋아지고, 실패할 확률이 매우 낮아진다.

책 쓰기의 순서를 지키는 것은 바로 이런 원리다. 필자는 11년 동안 삼성맨으로 휴대폰 연구원을 하면서, 6시그마 전문가로 이 모든 것을 배우고 체득했기 때문에, 칼리지를 운영할 때도, 책 쓰기 수업을 할 때도, 독서법 수업을 할 때도, 매우 체계적으로, 진행했고, 덕분에 수강생 만족도와 성과가 매우 높았다. 세상에 버릴 것은 하나도 없다.

부 록

PPT 수록
수업강의
책 쓰기 학교

- 4주차_ 본문 집필하기
- 5주차_ 출간 기획하기
- 6주차_ 본문 집필하기 II
- 7주차_ 원고 투고하기

※ 1~3주차는 교재 1탄에 수록

[4주차: 본문 집필하기]

대한민국 넘버원 책 쓰기 학교 김병완 칼리지

3년 1만 권 독서, 10년 100권 출간, 8년 500명 작가 배출 책 쓰기 학교

책 쓰기 수업

저자되기 프로젝트

출판사 계약을 위한 7주 수업과정

- 1주차 **주제선정** 자기에게 가장 최적화된 주제 뽑기
- 2주차 **목차선정** 유혹하는 목차 작성법
- 3주차 **서문작성** 무엇을 말할 것인가? 독자를 사로잡는 서문 작성법
- 4주차 **본문작성** 어떻게 알릴 것인가? 눈길을 사로잡는 본문 작성법
- 5주차 **출간기획서 작성** 원고투고 출판사를 사로잡는 출간 기획서 작성법
- 6주차 **최종점검** **원고 투고 하기 전 마무리 최종 점검**
- 7주차 **출판사 원고투고** 어떻게 출판사와 계약할 것인가?

4주차
문장 강화
3

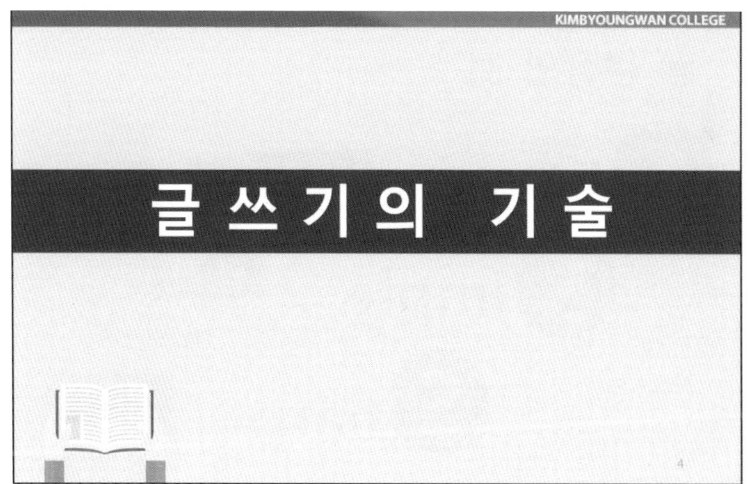
KIMBYOUNGWAN COLLEGE
글 쓰 기 의 기 술
4

대한민국 넘버원 책 쓰기 학교 김병완 칼리지

3년 1만 권 독서, 10년 100권 출간, 8년 500명 작가 배출 책 쓰기 학교

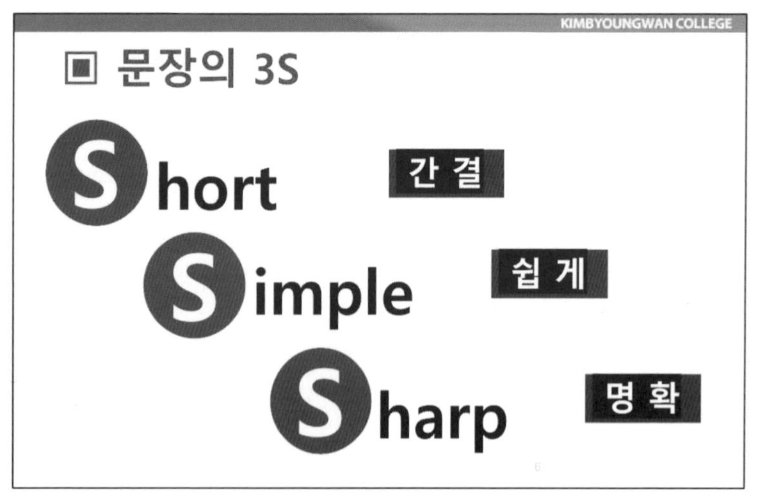

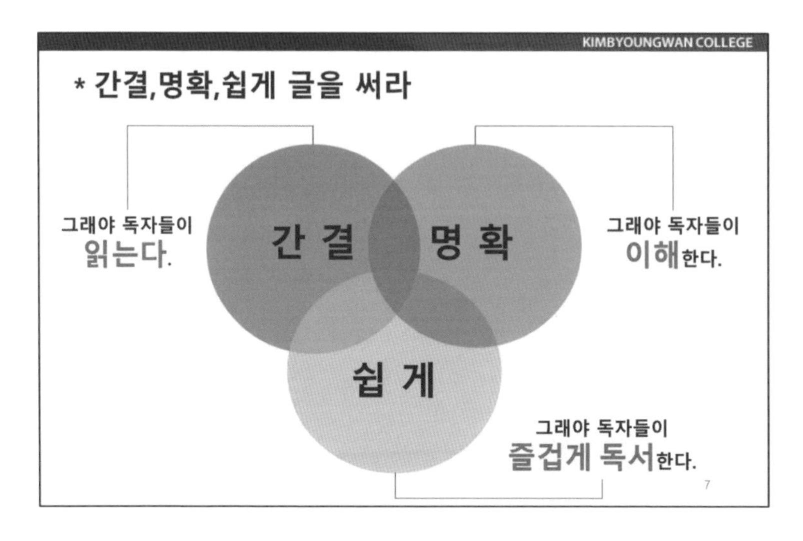
KIMBYOUNGWAN COLLEGE
* 간결,명확,쉽게 글을 써라
간 결
명 확
쉽 게
그래야 독자들이
읽는다.
그래야 독자들이
이해한다.
그래야 독자들이
즐겁게 독서한다.
7

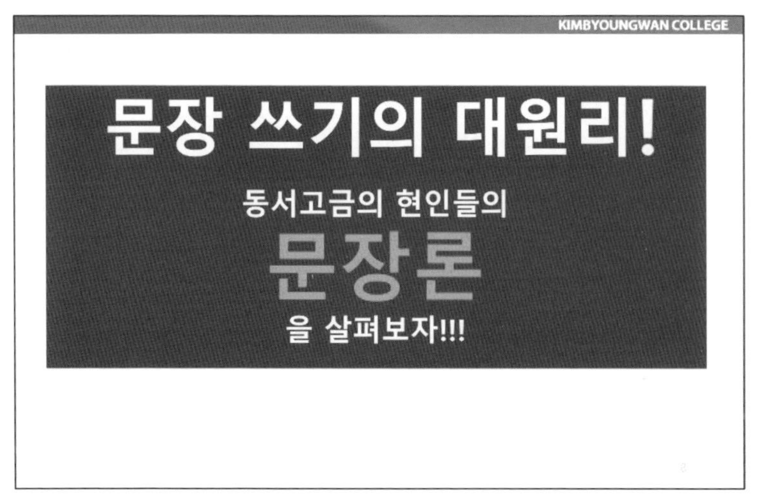
KIMBYOUNGWAN COLLEGE
문장 쓰기의 대원리!
동서고금의 현인들의
문장론
을 살펴보자!!!

대한민국 넘버원 책 쓰기 학교 김병완 칼리지

3년 1만 권 독서, 10년 100권 출간, 8년 500명 작가 배출 책 쓰기 학교

KIMBYOUNGWAN COLLEGE

문장의 기능은 (____)이다.

문장은 전달

"말이나 글은 뜻을 전달하면 그만이다."

< 공자, [논어], 위령공 >

"문장은 꾸밀 필요 없다. 문학을 경계할 것, 펜 가는 대로 써야 한다."

< 사르트르, [구토] '월요일' >

9

KIMBYOUNGWAN COLLEGE

"많이 쓰려고 하지 말고 **정확**하게 쓰도록 애쓰라." < 에라스무스, [필로독수스] >

"문장은 꼭 **말해야 할 것을 말하고** 꼭 **써야 할 것을 쓰는 것**이다."

< 고려 문장가 이색 >

KIMBYOUNGWAN COLLEGE

"문장의 제1요건은 (___)이다."
<아리스토텔레스, [에우데모스 윤리학] >

"표현의 우수함은 (___)이다."
< 아리스토텔레스, [수사학] >

11

KIMBYOUNGWAN COLLEGE

문장 문체 조언들

12

대한민국 넘버원 책 쓰기 학교 김병완 칼리지

3년 1만 권 독서, 10년 100권 출간, 8년 500명 작가 배출 책 쓰기 학교

대한민국 넘버원 책 쓰기 학교 김병완 칼리지
3년 1만 권 독서, 10년 100권 출간, 8년 500명 작가 배출 책 쓰기 학교

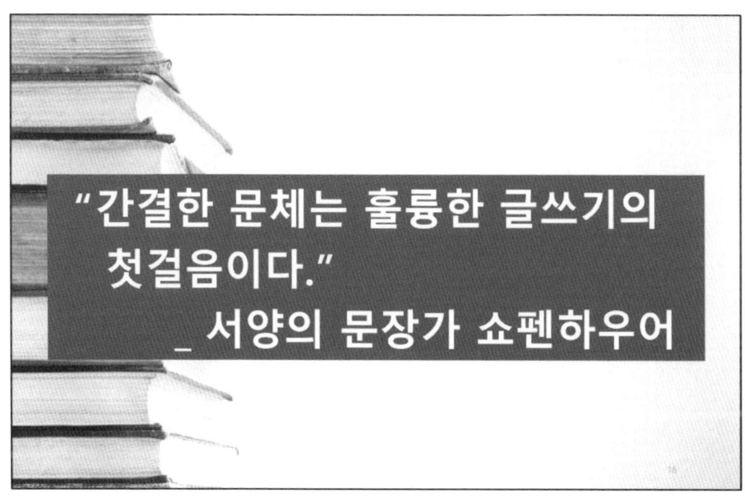

대한민국 넘버원 책 쓰기 학교 김병완 칼리지

3년 1만 권 독서, 10년 100권 출간, 8년 500명 작가 배출 책 쓰기 학교

간결한 문장 & 문체를 작성하기 위한 방법?

먼저. 화려하게 꾸미지 마라.

두 번째. 불필요한 단어를 다 생략하라.

세 번째. 한 문장에 하나의 의미만 담아라.

네 번째. 문장의 길이를 최대한 짧게 하라.

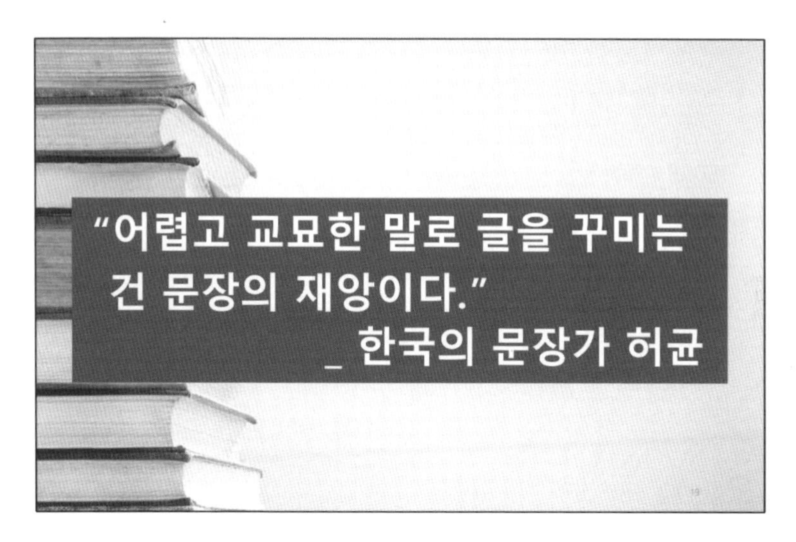
"어렵고 교묘한 말로 글을 꾸미는 건 문장의 재앙이다."
_ 한국의 문장가 허균
19

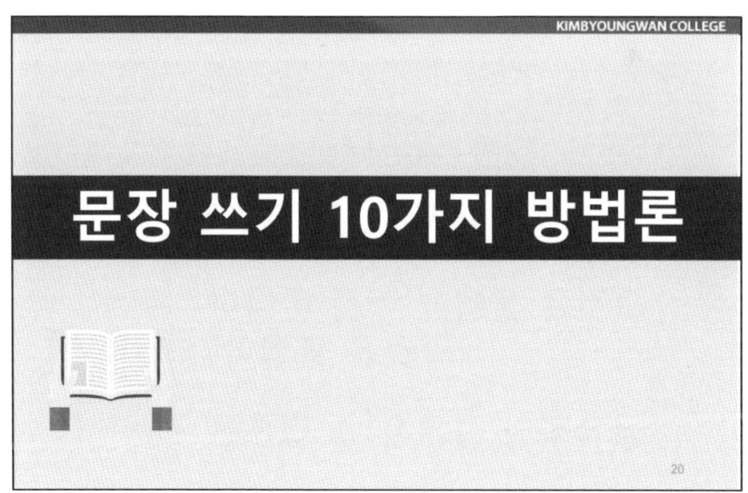
KIMBYOUNGWAN COLLEGE
문장 쓰기 10가지 방법론
20

대한민국 넘버원 책 쓰기 학교 김병완 칼리지

3년 1만 권 독서, 10년 100권 출간, 8년 500명 작가 배출 책 쓰기 학교

KIMBYOUNGWAN COLLEGE

첫 번째 방법: 독자들의 눈높이에 맞는 단어를 사용하라

*考案하다 → 만들다.

*可視화하다 → 나타내다.

*輕減시키다 → 줄이다.

*糊口之策을 강구해야 한다.
→ 먹고 살아야 한다.

21

KIMBYOUNGWAN COLLEGE

두 번째 방법: 문장의 길이는 최대한 짧게, 간결하게 쓰라

나에게 있어서는 → 나에게는

그것은 불법에 다름 아니다 →
그것은 불법이다.

궁극적인 결론은 → 결론은

22

대한민국 넘버원 책 쓰기 학교 김병완 칼리지

3년 1만 권 독서, 10년 100권 출간, 8년 500명 작가 배출 책 쓰기 학교

KIMBYOUNGWAN COLLEGE

두 번째 방법: 문장의 길이는 최대한 짧게, 간결하게 쓰라

국가는 거부하는 입장을 밝혔습니다.
→ 국가는 거부했습니다.

궁지에 몰리는 위험에 처했다.
→ 궁지에 몰렸다.

23

KIMBYOUNGWAN COLLEGE

세 번째 방법: 한 문장에는 두 번 사용하는 단어나 의미가 없게 하라

그는 비행기를 조종하는 조종사다 →
그는 비행기 조종사다.

이 그림은 유명한 화가가 그린 그림이다.
→ 이 그림은 유명한 화가가 그렸다.

24

대한민국 넘버원 책 쓰기 학교 김병완 칼리지

3년 1만 권 독서, 10년 100권 출간, 8년 500명 작가 배출 책 쓰기 학교

KIMBYOUNGWAN COLLEGE

네 번째 방법: 모든 문장을 능동형으로 쓰라

친구들을 이간질시키다 → 친구들을 이간질하다.

파괴시킬 수 있다 → 파괴할 수 있다.

헌법이 제정되어야 한다 → 헌법을 제정해야 한다.

25

KIMBYOUNGWAN COLLEGE

다섯 번째 : 접속사를 최소화하라

* 접속사 생략의 효과

*표면적인 글에서 입체적인 글로
*순차적인 글에서 동시다발적인 글로
*하나의 글에서 많은 글로
*느린 글에서 빠른 글로
*구속된 글에서 자유로운 글로
*죽은 글에서 리듬감이 살아나는 글로

무엇보다 접속사는 글의 흐름을 저해하고, 속도를 떨어뜨리고, 독자의 호흡을 끊고, 긴장감을 빼앗아 가 버린다.

26

대한민국 넘버원 책 쓰기 학교 김병완 칼리지

3년 1만 권 독서, 10년 100권 출간, 8년 500명 작가 배출 책 쓰기 학교

KIMBYOUNGWAN COLLEGE

다섯 번째 방법: 접속사를 최대한 최소화하라

"그리고 우리 일행은 학교로 갔다. 그랬더니 학교에 학생들이 많았다. 그리고 그때 마침 선생님께서 오셨다."

→

우리 일행은 학교로 갔다. 학교에 학생들이 많았다. 그때 마침 선생님께서 오셨다.

27

KIMBYOUNGWAN COLLEGE

高手는 接續詞를 생략한다

배는 항구를 향해 나아갔다. 상어가 나타났다.
노인은 밤중까지 상어 떼와 싸웠다.
"죽기까지 싸우라." 몸이 뻣뻣해져 왔다.
나이프도 몽둥이도 모두 부러졌다.
녹새치는 뼈만 남았다. 배는 항구로 돌아왔다.
노인은 오막살이 침대에서 늘어지게 잤다.
아침에 소년이 와서 위로했다.

< 헤밍웨이, 노인과 바다 중에서 >

28

대한민국 넘버원 책 쓰기 학교 김병완 칼리지

3년 1만 권 독서, 10년 100권 출간, 8년 500명 작가 배출 책 쓰기 학교

KIMBYOUNGWAN COLLEGE

여섯 번째 방법: 일본식 말투에서 벗어난 문장을 쓰라

우리의 집으로 → 우리 집으로

미국의 선수들의 조건 → 미국 선수들의

이건 선생님의 모자다 →
이건 선생님 모자다

29

KIMBYOUNGWAN COLLEGE

여섯 번째 방법: 일본식 말투에서 벗어난 문장을 쓰라

~ 에 의해 → ~ 때문에 / ~ 으로
(출근길 정체에 의해 → 출근길 정체 때문에)

~ 에 의하면 → ~ 를 보면
(신문 기사에 의하면 →신문 기사를 보면)

~ 에 있어서의 → ~에서
(역사에 있어서의 → 역사에서)

30

KIMBYOUNGWAN COLLEGE

여섯 번째 방법: 일본식 말투에서 벗어난 문장을 쓰라

~ 에서의 → ~ 의
(미국 본토에서의 → 미국 본토의)

~ 에 처한 → ~ 에 빠진
(다른 상황에 처한 → 다른 상황에 빠진)

~ 으로서의 → ~이라는
(인간으로서의 → 인간이라는)

31

KIMBYOUNGWAN COLLEGE

일곱 번째 방법: 중국식 말투에서 벗어난 문장을 쓰라

-적(的), -화(化), -상(上), -하(下), -재(再),
-제(諸), -대(對), -감(感), -리(裡), -시(視),
(우리말을 파괴하는 접두사, 접미사)

예) 정기的으로 모임을 가진다. →정기 모임
그 주장은 모순的이다.→ 모순이다.
이런 상황下에서 → 이런 상황에서
외형上으로 볼 때 → 겉으로 볼 때

32

대한민국 넘버원 책 쓰기 학교 김병완 칼리지

3년 1만 권 독서, 10년 100권 출간, 8년 500명 작가 배출 책 쓰기 학교

KIMBYOUNGWAN COLLEGE

여덟 번째 방법: 영어식 말투에서 벗어난 문장을 쓰라

"비상대책위원회를 出帆했음에도 불구하고 상황은 나아지지 않았다."

→

비상대책위원회를 出帆했지만, 상황은 나아지지 않았다.

43

KIMBYOUNGWAN COLLEGE

일곱 번째 방법: 중국식 말투에서 벗어난 문장을 쓰라

서울에 位置한 남산 →
서울에 있는 남산

可能性을 排除하지 않는다 → ~ 있다.
(장난 전화일 可能性도 排除하지 않는다 →
장난 전화일 수도 있다.)

34

KIMBYOUNGWAN COLLEGE
여덟 번째 방법: 영어식 번역투에서 벗어난 문장을 쓰라
왜?
가독성이 떨어지고
우리 고유의 문체를 파괴하고
정확한 의사 전달을 방해하기 때문
이오덕 선생은 번역투의 글을
'병든 글'이라고 했고,
이수열 선생은
'때 묻는 글'이라고 했다.
35

KIMBYOUNGWAN COLLEGE
여덟 번째 방법: 영어식 말투에서 벗어난 문장을 쓰라
"가난한 사람의 제대로 된 생활을 위한 대책 마련이 요구된다."
→ ?
예시) ~이 요구된다
(~ be need to, ~ be required for)
36

대한민국 넘버원 책 쓰기 학교 김병완 칼리지

3년 1만 권 독서, 10년 100권 출간, 8년 500명 작가 배출 책 쓰기 학교

KIMBYOUNGWAN COLLEGE

여덟 번째 방법: 영어식 말투에서 벗어난 문장을 쓰라

가난한 사람의 제대로 된 생활을 위한 대책 마련이 요구된다. →

가난한 사람이 제대로 생활하도록 대책을 세워야 한다.

37

KIMBYOUNGWAN COLLEGE

여덟 번째 방법: 영어식 말투에서 벗어난 문장을 쓰라

"건강을 위해서는 운동을 아무리 강조해도 지나치지 않다."

" → ?

예시) 아무리 강조해도 지나칠 수 없다.
(can't be too emphasized)

38

대한민국 넘버원 책 쓰기 학교 김병완 칼리지

3년 1만 권 독서, 10년 100권 출간, 8년 500명 작가 배출 책 쓰기 학교

KIMBYOUNGWAN COLLEGE

여덟 번째 방법: 영어식 말투에서 벗어난 문장을 쓰라

건강을 위해서는 운동을 아무리 강조해도 지나치지 않다.

→

건강하려면 운동이 가장 중요하다.

39

KIMBYOUNGWAN COLLEGE

여덟 번째 방법: 영어식 말투에서 벗어난 문장을 쓰라

"정의로운 삶을 위해서는 법을 지키지 않으면 안 된다."

" → ?

예시) ~ 하지 않으면 안 된다.
(must be)

40

대한민국 넘버원 책 쓰기 학교 김병완 칼리지

3년 1만 권 독서, 10년 100권 출간, 8년 500명 작가 배출 책 쓰기 학교

KIMBYOUNGWAN COLLEGE

여덟 번째 방법: 영어식 말투에서 벗어난 문장을 쓰라

"정의로운 삶을 위해서는 법을 지키지 않으면 안 된다."

→

정의롭게 살려면 법을 지켜야 한다.

41

KIMBYOUNGWAN COLLEGE

여덟 번째 방법: 영어식 말투에서 벗어난 문장을 쓰라

"비상대책위원회를 출범했음에도 불구하고 상황은 나아지지 않았다."

" → ?

예시) ~불구하고, ~에도
(in spite of, even though)

42

KIMBYOUNGWAN COLLEGE

일곱 번째 방법: 중국식 말투에서 벗어난 문장을 쓰라

-적(的), -화(化), -상(上), -하(下), -재(再),
-성(性), -대(對), -감(感), -리(裡), -시(視),
(우리말을 파괴하는 접두사, 접미사)

예) 적대視하다 → 적으로 보다.
성황裡 폐막 → 성황으로 폐막
판단下에 → 판단에서
방향性을 찾기 위한 → 방향을 찾기 위한

33

KIMBYOUNGWAN COLLEGE

아홉 번째 방법: 이중 표현, 중복을 벗어난 문장을 쓰라

"이런 觀點에서 보면."
→ 이런 관점에서, 이런 점에서 보면

冊을 읽는 독자 → 冊을 읽는 사람, 독자
지난해 年末 → 지난 연말, 지난해 말
落葉이 떨어지는 가을 → 낙엽이 지는 가을

44

대한민국 넘버원 책 쓰기 학교 김병완 칼리지

3년 1만 권 독서, 10년 100권 출간, 8년 500명 작가 배출 책 쓰기 학교

KIMBYOUNGWAN COLLEGE

아홉 번째 방법: 이중 표현, 중복을 벗어난 문장을 쓰라

"작품을 출품하다"

→ 작품을 내다, 출품하다.

"돈을 송금하다"

→ 돈을 보내다, 송금하다.

45

KIMBYOUNGWAN COLLEGE

열 번째 방법: 모호하고 추상적 표현을 벗어난 문장을 쓰라

" 어떤 개가 다가왔다 "

→ 하얀 진돗개가 다가왔다.

" 다양한 민족이 이곳에 살고 있다."

→ 미국인, 중국인 그리고 영국인이 이곳에 살고 있다.

46

KIMBYOUNGWAN COLLEGE

열 번째 방법: 모호하고 추상적 표현을 벗어난 문장을 쓰라

"몇 년 전에 어떤 공무원이 죄를 지었다."
→ 3년 전에 문화부장관이 공금을 횡령했다.

"연봉이 많이 올랐다."
→ 작년 대비 30% 연봉이 올랐다.

47

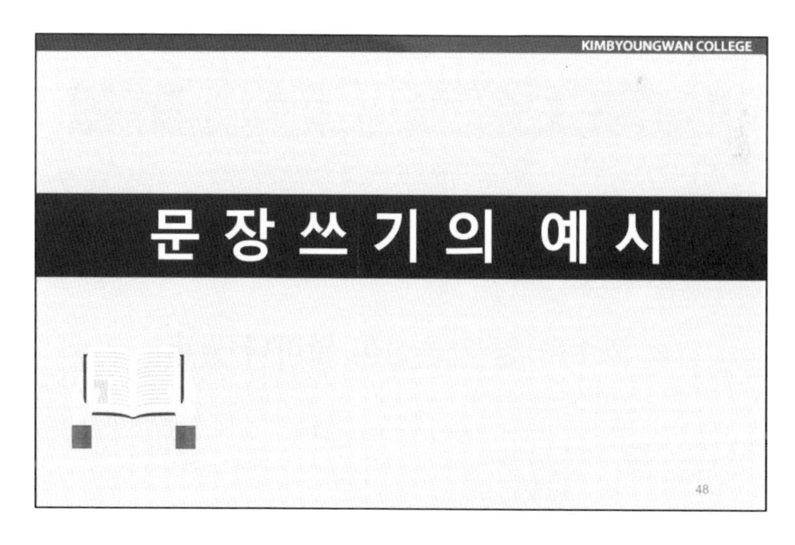

대한민국 넘버원 책 쓰기 학교 김병완 칼리지

3년 1만 권 독서, 10년 100권 출간, 8년 500명 작가 배출 책 쓰기 학교

KIMBYOUNGWAN COLLEGE

문장 쓰기의 실제 3가지 사례

고수가 될 수 있는 가능성이 얼마나 되는 걸까?

→

49

KIMBYOUNGWAN COLLEGE

문장 쓰기의 실제 사례

고수가 될 수 있는 가능성이 얼마나 되는 걸까?

→ 고수가 될 가능성이 얼마나 될까?

50

대한민국 넘버원 책 쓰기 학교 김병완 칼리지
3년 1만 권 독서, 10년 100권 출간, 8년 500명 작가 배출 책 쓰기 학교

KIMBYOUNGWAN COLLEGE

문장 쓰기의 실제 사례

당신이 느낄 수 있었던 불안은
사건의 중대성 때문이다.

→

51

KIMBYOUNGWAN COLLEGE

문장 쓰기의 실제 사례

당신이 느낄 수 있었던 불안은
사건의 중대성 때문이다.

→ 당신이 느낀 불안은 사건이
심각하기 때문이다.

52

KIMBYOUNGWAN COLLEGE
문장 쓰기의 실제 사례
세상으로부터 단절되어 있는 부족 국가들
→
53

KIMBYOUNGWAN COLLEGE
문장 쓰기의 실제 사례
세상으로부터 단절되어 있는 부족 국가들
→ 세상과 단절된 부족국가들
54

KIMBYOUNGWAN COLLEGE

우리말 쓰기의 실제 사례

정부는 이번 채용에서 500명의
신입공무원들을 뽑는다.

→ ?

55

KIMBYOUNGWAN COLLEGE

우리말 쓰기의 실제 사례

정부는 이번 채용에서 500명의
신입공무원들을 뽑는다.
(500 new government employees)

→

정부는 이번 채용에서 신입공무원
500명을 뽑는다.

56

대한민국 넘버원 책 쓰기 학교 김병완 칼리지

3년 1만 권 독서, 10년 100권 출간, 8년 500명 작가 배출 책 쓰기 학교

KIMBYOUNGWAN COLLEGE

우리말 쓰기의 실제 사례

우리말 표현 : 숫자는 항상 뒤에 나온다.

내게는 일곱 명의 동업자들이 있다.
(seven partners)

→

내게는 동업자 일곱 명이 있다.

57

KIMBYOUNGWAN COLLEGE

최고의 문장 vs 최악의 문장

최고의 문장

누가 읽어도 술술 잘 읽히는 문장

58

대한민국 넘버원 책 쓰기 학교 김병완 칼리지

3년 1만 권 독서, 10년 100권 출간, 8년 500명 작가 배출 책 쓰기 학교

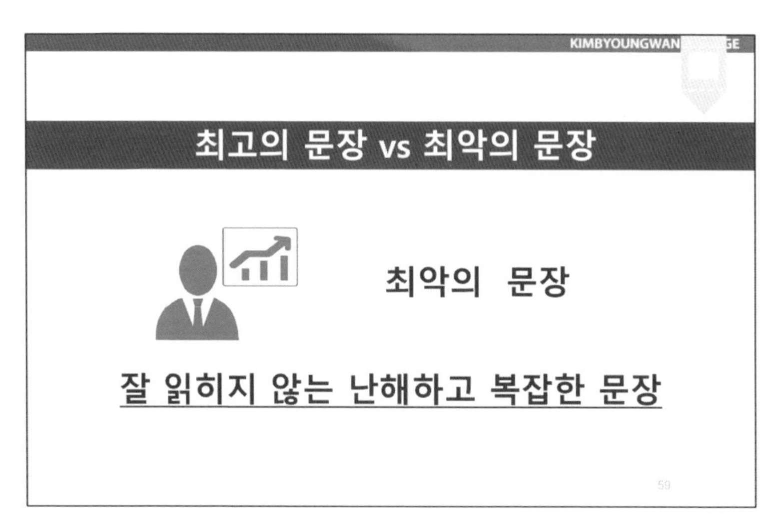

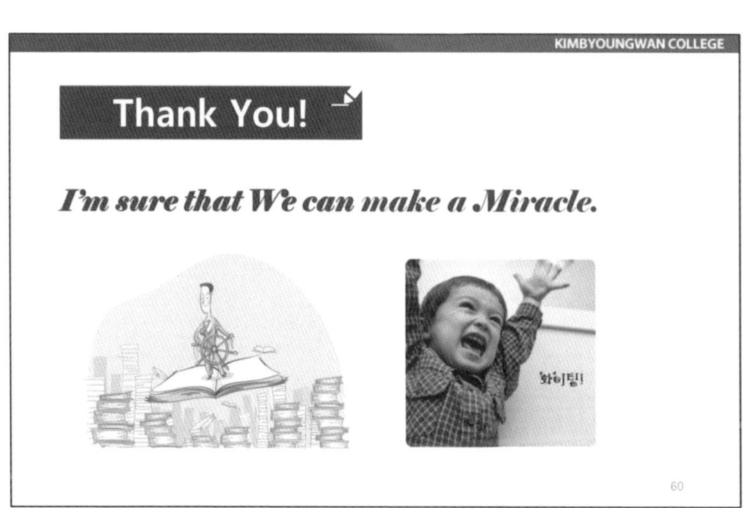

[5주차: 출간 기획하기]

대한민국 넘버원 책 쓰기 학교 김병완 칼리지

3년 1만 권 독서, 10년 100권 출간, 8년 500명 작가 배출 책 쓰기 학교

책 쓰기 수업

저자되기 프로젝트

출판사 계약을 위한 7주 수업과정

1주차	**주제선정**	자기에게 가장 최적화된 주제 뽑기
2주차	**목차선정**	유혹하는 목차 작성법
3주차	**서문작성**	무엇을 말할 것인가? 독자를 사로잡는 서문 작성법
4주차	**본문작성**	어떻게 알릴 것인가? 눈길을 사로잡는 본문 작성법
5주차	**출간기획서 작성**	원고투고 출판사를 사로잡는 출간 기획서 작성법
6주차	**최종점검**	**원고 투고 하기 전 마무리 작성법**
7주차	**출판사 원고투고**	어떻게 출판사와 계약할 것인가?

무단 유포 및 사용은 법적처벌을 받습니다.

5주차
출간기획서 작성
3

출간기획서란
면접이다.
4

대한민국 넘버원 책 쓰기 학교 김병완 칼리지
3년 1만 권 독서, 10년 100권 출간, 8년 500명 작가 배출 책 쓰기 학교

KIMBYOUNGWAN COLLEGE

출간기획서 작성의 유익함!

1. 자신이 쓰는 책의 차별화
2. 내 책의 장점과 단점
3. 내가 쓰는 책의 정확한 기획 의도
4. 내 책의 정확한 포지셔닝

7

KIMBYOUNGWAN COLLEGE

출간기획서 작성 노하우!

- 일목요연한 심플한 기획서 작성하기
- 개성 넘치게 독특한 내용 작성하기
- 출판사를 설득할 수 있는 내용 파악하기
- 나만의 차별성 드러내기

8

대한민국 넘버원 책 쓰기 학교 김병완 칼리지

3년 1만 권 독서, 10년 100권 출간, 8년 500명 작가 배출 책 쓰기 학교

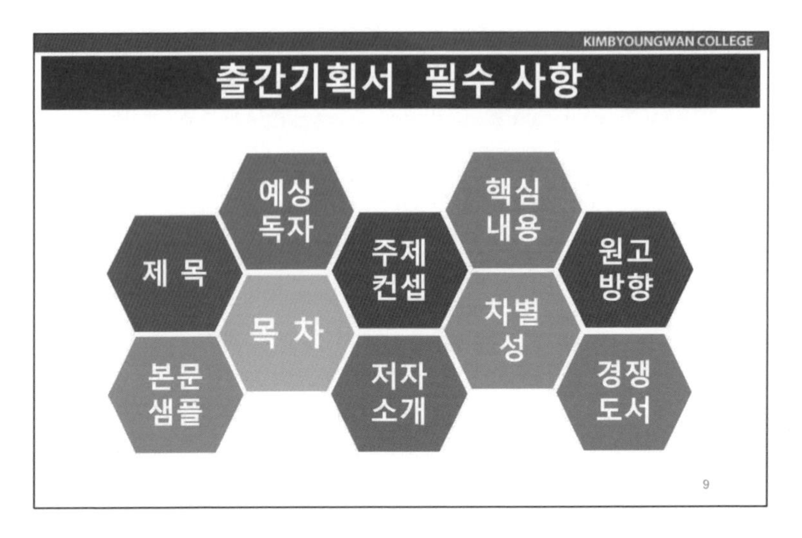

대한민국 넘버원 책 쓰기 학교 김병완 칼리지
3년 1만 권 독서, 10년 100권 출간, 8년 500명 작가 배출 책 쓰기 학교

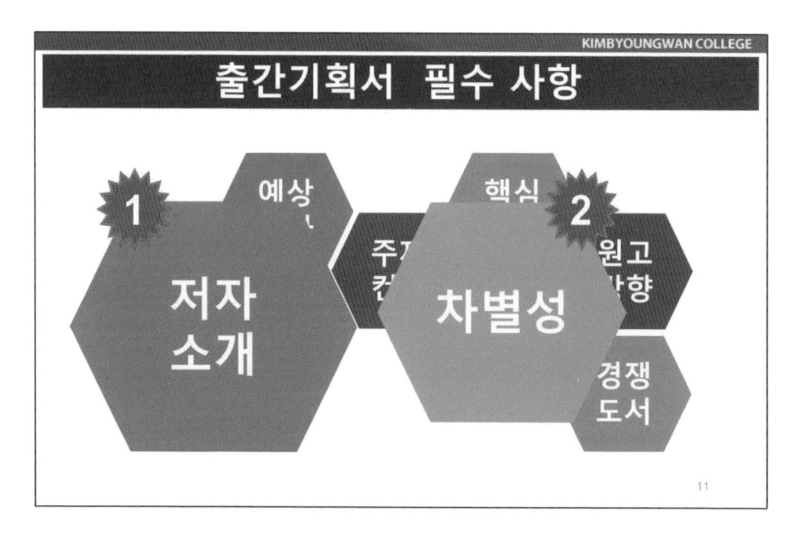

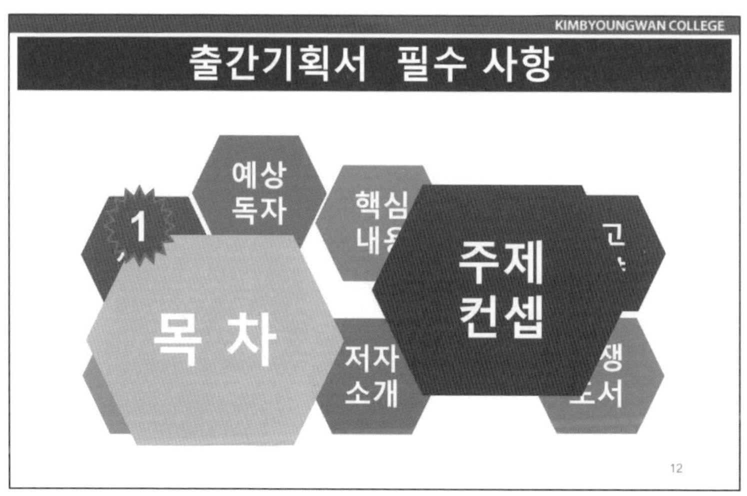

대한민국 넘버원 책 쓰기 학교 김병완 칼리지

3년 1만 권 독서, 10년 100권 출간, 8년 500명 작가 배출 책 쓰기 학교

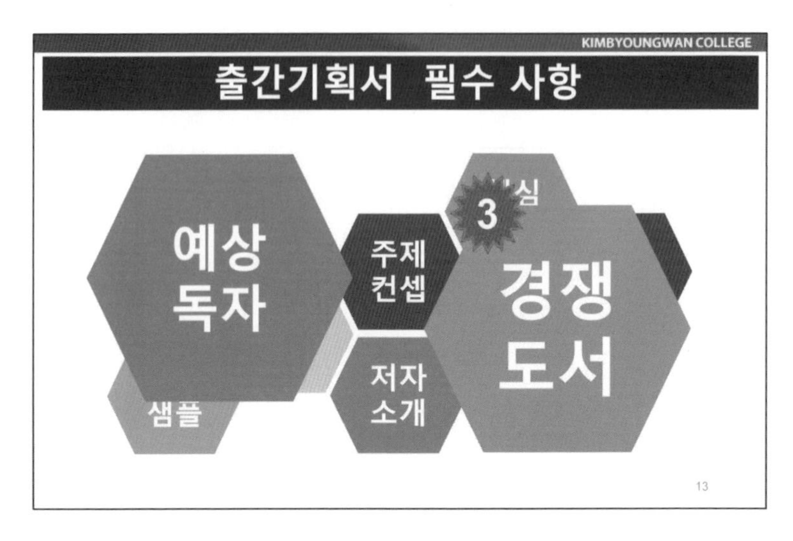

대한민국 넘버원 책 쓰기 학교 김병완 칼리지

3년 1만 권 독서, 10년 100권 출간, 8년 500명 작가 배출 책 쓰기 학교

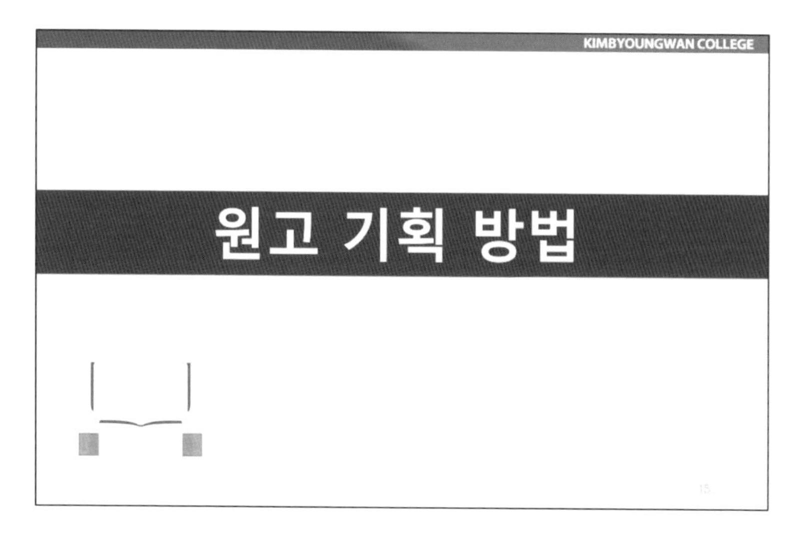

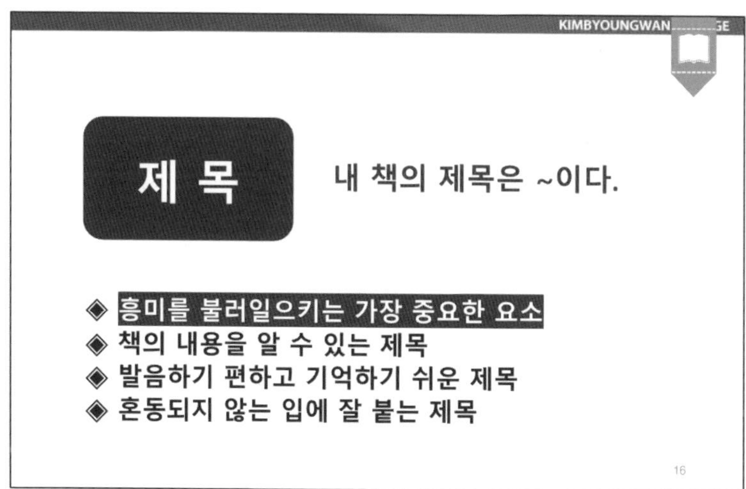

대한민국 넘버원 책 쓰기 학교 김병완 칼리지

3년 1만 권 독서, 10년 100권 출간, 8년 500명 작가 배출 책 쓰기 학교

KIMBYOUNGWAN COLLEGE

저자소개 나는 한마디로 ~한 사람이다.

◈ 이 글을 쓸 수 있는 자격, 당위성 부각!
◈ 당신이 하는 일의 본질
◈ 당신을 표현할 수 있는 한 단어

17

KIMBYOUNGWAN COLLEGE

예상독자 내 책의 독자는 ~이다.

◈ 좁히고 명확한 독자 설정!
◈ 당신의 책을 누구에게 읽힐 것인가
◈ 왜 당신의 책을 구매해야 하는가

18

대한민국 넘버원 책 쓰기 학교 김병완 칼리지

3년 1만 권 독서, 10년 100권 출간, 8년 500명 작가 배출 책 쓰기 학교

KIMBYOUNGWAN COLLEGE

핵심내용 내 책은 ~에 관한 책이다.

◈ 독자에게 전하고자 하는 메시지
◈ 독자를 사로잡을 강력한 메시지
◈ 이 책에서 가장 중요한 메시지

19

KIMBYOUNGWAN COLLEGE

차별성 경쟁 도서 분석 및 차별성
내 책의 특징은 ~이다.

◈ 같은 분야 도서와 어떻게 다른가
◈ 경쟁도서 분석, 차별화는 아주 중요한 기획 요소
◈ 경쟁도서의 공통점 언급 후 더 나은 점을 강조 설득

20

대한민국 넘버원 책 쓰기 학교 김병완 칼리지

3년 1만 권 독서, 10년 100권 출간, 8년 500명 작가 배출 책 쓰기 학교

KIMBYOUNGWAN COLLEGE

마케팅 홍보 전략 및 마케팅

◈ 마케팅 전략도 무시할 수 없는 시대
◈ 예전에는 출판사가 했지만, 시대가 달라졌다.
◈ 출판사는 적은 투자로 높은 성과를 원함
◈ 자체적인 마케팅 전략과 홍보 전략은 큰 경쟁력이다.

21

KIMBYOUNGWAN COLLEGE

기획에 필요한 지식

22

대한민국 넘버원 책 쓰기 학교 김병완 칼리지

3년 1만 권 독서, 10년 100권 출간, 8년 500명 작가 배출 책 쓰기 학교

"기획이란 무엇인가요?"

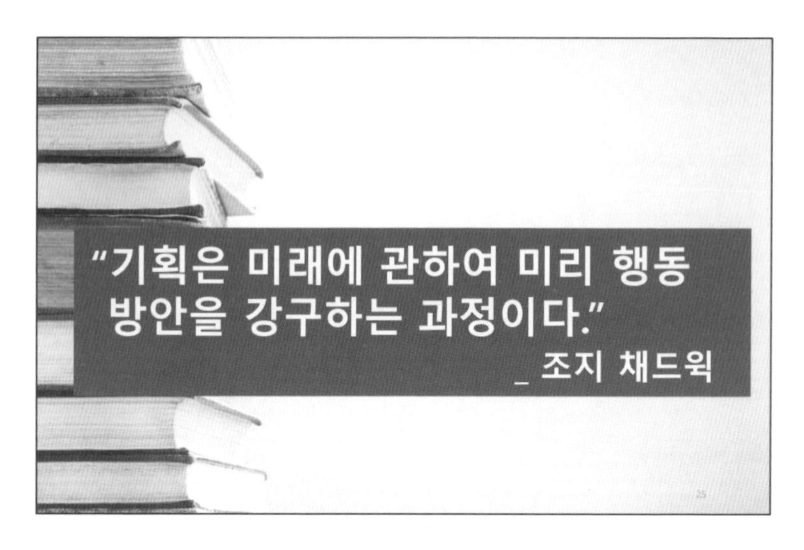
"기획은 미래에 관하여 미리 행동
방안을 강구하는 과정이다."
_ 조지 채드윅

"企劃은 문제를 解決하거나,
목표를 達成하기 위해
方案을 강구하는 것"

대한민국 넘버원 책 쓰기 학교 김병완 칼리지
3년 1만 권 독서, 10년 100권 출간, 8년 500명 작가 배출 책 쓰기 학교

대한민국 넘버원 책 쓰기 학교 김병완 칼리지

3년 1만 권 독서, 10년 100권 출간, 8년 500명 작가 배출 책 쓰기 학교

대한민국 넘버원 책 쓰기 학교 김병완 칼리지

3년 1만 권 독서, 10년 100권 출간, 8년 500명 작가 배출 책 쓰기 학교

대한민국 넘버원 책 쓰기 학교 김병완 칼리지

3년 1만 권 독서, 10년 100권 출간, 8년 500명 작가 배출 책 쓰기 학교

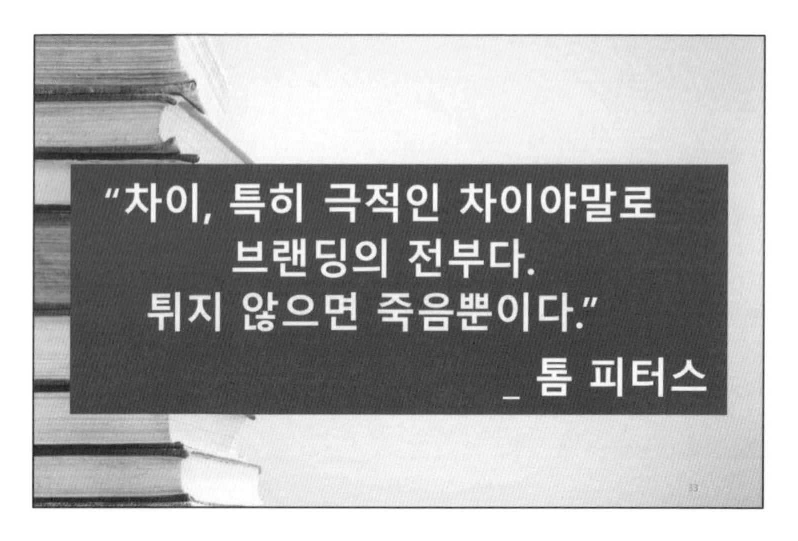

대한민국 넘버원 책 쓰기 학교 김병완 칼리지
3년 1만 권 독서, 10년 100권 출간, 8년 500명 작가 배출 책 쓰기 학교

대한민국 넘버원 책 쓰기 학교 김병완 칼리지

3년 1만 권 독서, 10년 100권 출간, 8년 500명 작가 배출 책 쓰기 학교

심플하고, 개성 넘치고,
설득력 있는 기획서다

심플하고, 개성 넘치고, 설득력
있는 기획서를 작성하는 법?
40

대한민국 넘버원 책 쓰기 학교 김병완 칼리지

3년 1만 권 독서, 10년 100권 출간, 8년 500명 작가 배출 책 쓰기 학교

좋은 출간 기획서를 작성하기 위한 방법?

먼저. 강력한 설득 요소을 파악하라.

두 번째. 평범한 내용은 다 생략하라.

세 번째. 개성 넘치는 내용만 담아라.

네 번째. 내용을 일목요연하게 만들어라.

KIMBYOUNGWAN COLLEGE

출간 기획서 작성 전략

1 일목요연한 기획서를 작성한다.
독자들은 심플함을 좋아한다.

2 설득력이 강한 기획서를 작성한다
독자들은 마음이 움직여야 한다.

3 독특하고 독창적인 기획서를 작성한다.
독자들은 개성을 좋아한다.

42

대한민국 넘버원 책 쓰기 학교 김병완 칼리지

3년 1만 권 독서, 10년 100권 출간, 8년 500명 작가 배출 책 쓰기 학교

KIMBYOUNGWAN COLLEGE

최고의 기획서 vs 최악의 기획서

독자를 위한 기획서

출판사를 한번에 사로잡는 출간 기획서

43

KIMBYOUNGWAN COLLEGE

최고의 기획서 vs 최악의 기획서

작가를 위한 기획서

출판사가 전혀 관심을 보이지 않는 기획서

44

대한민국 넘버원 책 쓰기 학교 김병완 칼리지
3년 1만 권 독서, 10년 100권 출간, 8년 500명 작가 배출 책 쓰기 학교

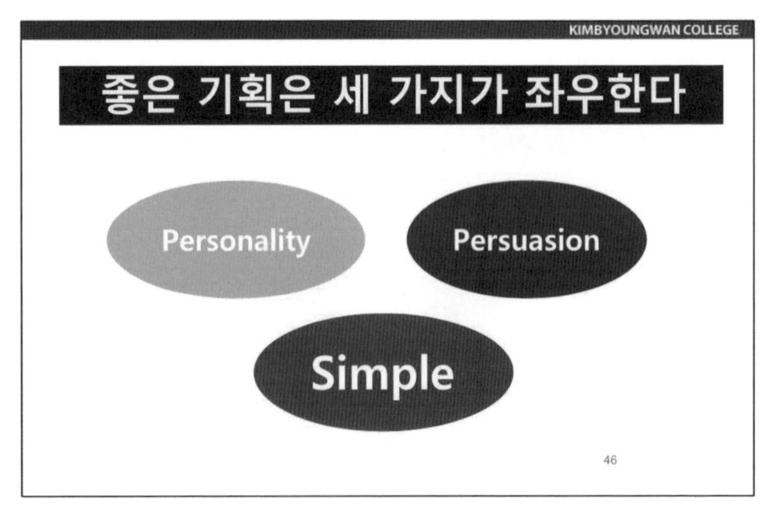

대한민국 넘버원 책 쓰기 학교 김병완 칼리지

3년 1만 권 독서, 10년 100권 출간, 8년 500명 작가 배출 책 쓰기 학교

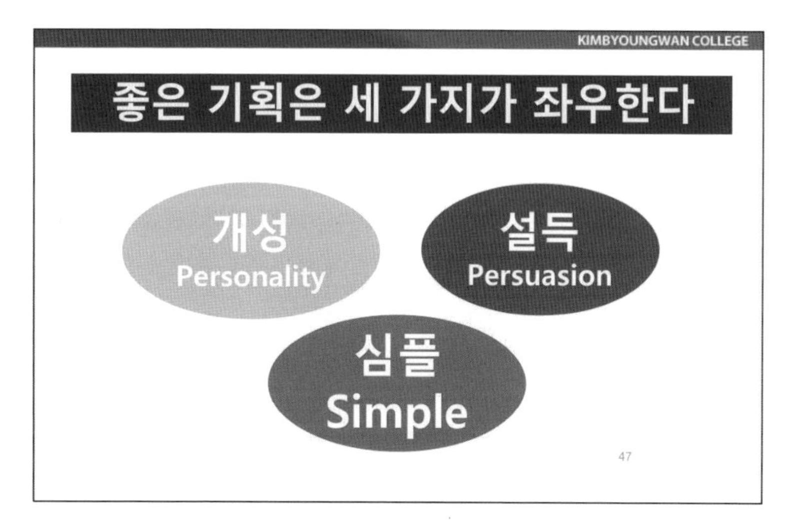

대한민국 넘버원 책 쓰기 학교 김병완 칼리지

3년 1만 권 독서, 10년 100권 출간, 8년 500명 작가 배출 책 쓰기 학교

KIMBYOUNGWAN COLLEGE

주간 과제

1. 출간 기획서 70%까지 완성
2. 본문 A4 – 1일 2장 작성

4주면 책의 ½을 작성 가능!

49

KIMBYOUNGWAN COLLEGE

Thank You!

I'm sure that We can make a Miracle.

50

[6주차: 본문 집필하기 II]

대한민국 넘버원 책 쓰기 학교 김병완 칼리지

3년 1만 권 독서, 10년 100권 출간, 8년 500명 작가 배출 책 쓰기 학교

김병완 작가의 책 쓰기 수업

저자되기 프로젝트

출판사 계약을 위한 7주 수업과정

• 1주차	**주제선정**	자기에게 가장 최적화된 주제 뽑기
• 2주차	**목차선정**	유혹하는 목차 작성법
• 3주차	**서문작성**	무엇을 말할 것인가? 독자를 사로잡는 서문 작성법
• 4주차	**본문작성**	어떻게 알릴 것인가? 눈길을 사로잡는 본문 작성법
• 5주차	**출간기획서 작성**	원고투고 출판사를 사로잡는 출간 기획서 작성법
• 6주차	**본문 작성 II**	**본문 작성법 / 투고 전 최종 점검**
• 7주차	**출판사 원고투고**	어떻게 출판사와 계약할 것인가?

무단 유포 및 사용은 법적처벌을 받습니다.

대한민국 넘버원 책 쓰기 학교 김병완 칼리지

3년 1만 권 독서, 10년 100권 출간, 8년 500명 작가 배출 책 쓰기 학교

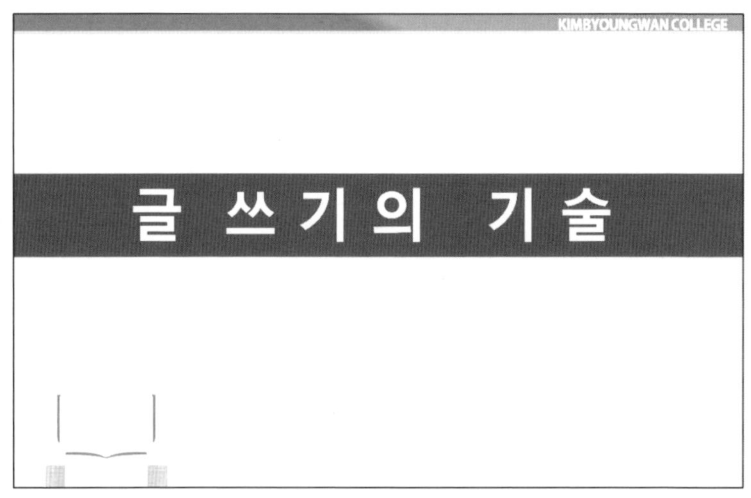

대한민국 넘버원 책 쓰기 학교 김병완 칼리지
3년 1만 권 독서, 10년 100권 출간, 8년 500명 작가 배출 책 쓰기 학교

KIMBYOUNGWAN COLLEGE

150년 하버드 대학교의 글쓰기 수업

(____) 글쓰기

KIMBYOUNGWAN COLLEGE

글은 기본적으로 무엇인가?

→ 글은 (___)다

소통과 전달을 위해!

가장 기본 원칙이다.

대한민국 넘버원 책 쓰기 학교 김병완 칼리지

3년 1만 권 독서, 10년 100권 출간, 8년 500명 작가 배출 책 쓰기 학교

KIMBYOUNGWAN COLLEGE

글은 기능적으로 무엇인가?

→ **글은 (__)이다**

설득과 객관성을 위해

더 나은 글쓰기의 목표이자 원칙이다.

7

KIMBYOUNGWAN COLLEGE

문장의 상위 기능은 (설득)이다.

"미국 대학의 목표는 (설득력) 있는 사람을 만드는 것이며, 가장 중요한 과목은 (논증적 글쓰기)이다.

< 하버드 대학교 글쓰기 수업 >

8

KIMBYOUNGWAN COLLEGE

문장 쓰기의 공식

9

KIMBYOUNGWAN COLLEGE

TED 최고의 강연자, 10년 연속 1위, 창의성 개발 전문가 켄 로빈슨의 글쓰기 비법

"글쓰기 작법에는 오래된 공식이 있습니다.
좋은 글쓰기는 '(　　　), (　　　　), (　　　)
에 답하는 것입니다. 연설도 비슷합니다."

10

대한민국 넘버원 책 쓰기 학교 김병완 칼리지

3년 1만 권 독서, 10년 100권 출간, 8년 500명 작가 배출 책 쓰기 학교

KIMBYOUNGWAN COLLEGE

TED 최고의 강연자, 10년 연속 1위, 창의성 개발 전문가 켄 로빈슨의 글쓰기 비법

- (무엇을) → 문제를 제기하라.
- (어떻게) → 구체적인 방법을 알려주라.
- (무엇을 제안)할 것인가? → 방향과 목표를 !

11

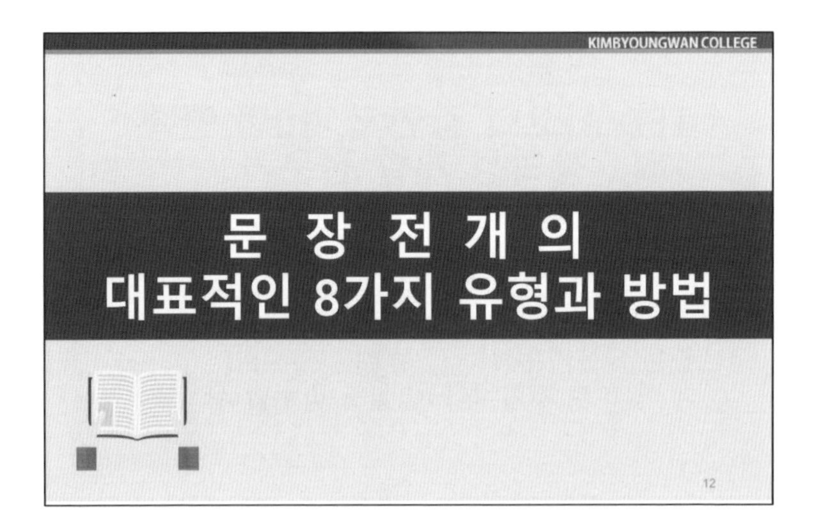

대한민국 넘버원 책 쓰기 학교 김병완 칼리지

3년 1만 권 독서, 10년 100권 출간, 8년 500명 작가 배출 책 쓰기 학교

KIMBYOUNGWAN COLLEGE

첫 번째 유형: 현상 제시 -> 원인 설명 -> 해결책 유형

우리나라에는 학문분야 노벨상 수상자가 없다. 반면 일본에는 수십 명이나 있다. (현상제시)

한국 사회는 독서 빈국이기 때문에 사고력이 유연하지 못하고 깊이가 없다. (원인설명)

대한민국을 세계 최고의 독서 강국으로 만들면 세계최고의 인재들이 많이 배출될 것이다. 우리의 사명은 독서 강국을 실현시키는 것이다. (해결책)

13

KIMBYOUNGWAN COLLEGE

두 번째 유형: 질문 -> 대답하기 -> 주장하기 유형

글을 쓸 때 진짜 인생이 펼쳐지는 이유는 무엇인가? (질문하기)

글을 쓰면 자기 자신만의 새로운 콘텐츠가 생기기 때문이다. 새로운 콘텐츠는 감성과 창조의 시대에 가장 큰 재화가 된다. (대답하기)

글쓰기처럼 위대한 인생 혁명 수단은 존재하지 않는다. (주장하기)

14

대한민국 넘버원 책 쓰기 학교 김병완 칼리지

3년 1만 권 독서, 10년 100권 출간, 8년 500명 작가 배출 책 쓰기 학교

KIMBYOUNGWAN COLLEGE

세 번째 유형: 스토리 -> 분석 -> 주장하기 유형

손정의 회장은 투병 중에 4천 권의 책을 독파한 후, 자신의 회사를 세계 최고의 네트워크 회사로 성장시킬 수 있었다. (스토리)

4천 권의 독서는 사람으로 하여금 앞을 내다볼 수 있는 통찰력과 시련과 역경을 헤쳐 나갈 수 있는 용기와 결단력을 주기에 부족함이 없다. (분석)

그의 성공은 독서 때문이다. (주장)

15

KIMBYOUNGWAN COLLEGE

네 번째 유형: 개인적 경험 -> 메시지 -> 주장하기 유형

나는 평범한 직장인이었다. 2009년 12월 31일 사표를 던졌다. 그리고 부산에 내려가 도서관에 칩거하기 시작했다. 밥 먹고 책만 읽는 삶이 시작되었다. 그렇게 3년을 보냈다. 수많은 책을 읽고 작가가 될 수 있었다. (개인적 경험)

누구나 책을 읽으면 인생은 바꿀 수 있다. 책은 위대하기 때문이다. 책을 통해 인생을 바꾼 사람들은 미래에도 존재할 것이다. (메시지 = 분석)

날마다 어디서나 책을 읽고 또 읽어라. (주장)

대한민국 넘버원 책 쓰기 학교 김병완 칼리지

3년 1만 권 독서, 10년 100권 출간, 8년 500명 작가 배출 책 쓰기 학교

KIMBYOUNGWAN COLLEGE

다섯 번째 유형: 역사적 사실 -> 메시지 -> 주장하기 유형

[사기]를 집필한 사마천은 한 무제의 노여움을 사게 되어 사형선고를 받았다. 세 가지 중에 하나를 선택해야 했다. 사형을 당하든가 많은 돈을 내고 풀려나든가 아니면 남자의 심볼이 잘리는 궁형을 당해야 했다. 사마천은 죽음보다 더한 고통과 수치인 궁형을 선택했다. (역사적 사실)

죽음을 초월한 사명이라는 것이 인간에겐 존재한다.인간을 위대하게 만드는 것이 바로 이러한 것이다. (메시지 = 분석)

죽음을 두려워하지 말고 사명에 집중하라.(주장하기)

KIMBYOUNGWAN COLLEGE

여섯 번째 유형: 연구 결과 -> 메시지 -> 주장하기 유형

미국 캘리포니아 대학의 심리학과 하워드 프리드먼 교수는 1,500명을 10년 동안 연구한 결과 착한 사람이 이기적이고 야비하고 남을 이용하기 좋아하는 악한 사람보다 더 오래 살 수 있다는 연구결과를 발표했다. (연구결과)

착한 사람은 양심적이고 선하다. 착한 사람은 마음이 언제나 고요하고 평화롭고 잔잔하다. 이런 사람들은 늘 몸과 마음이 안정적이다. 에너지 보존 법칙에 따라 에너지가 덜 낭비된다. 반면 이기적이고 야비하고 남을 이용하기 좋아하는 악한 사람들은 항상 에너지가 탕진된다. (메시지 = 분석)

장수하고 싶은 사람은 착하게 살아야 한다. 착하게 살아라. (주장 혹은 제안)

대한민국 넘버원 책 쓰기 학교 김병완 칼리지

3년 1만 권 독서, 10년 100권 출간, 8년 500명 작가 배출 책 쓰기 학교

KIMBYOUNGWAN COLLEGE

일곱 번째 유형: 신문 기사, 뉴스 -> 메시지 -> 주장하기

- 오늘 아침 신문에 모 연예인에 대한 기사가 떴다. 사랑이 아닌 돈을 보고 재벌과 결혼을 했는데 결국 세 번째 이혼을 했다는 얘기다. (신문기사)
- 결국 세상은 공짜가 없다. 결혼도 사랑이 아닌 돈을 보고 하면 반드시 실패하게 된다. 정직하고 성실하게 살아가는 사람이 잘살고 행복하게 된다. (메시지)
- 편법이나 요행을 바라는 마음은 불행의 씨앗이 되므로 절대 바라지 마라. (주장이나 제안)

KIMBYOUNGWAN COLLEGE

여덟 번째 유형: (비판)주장 -> 이유 -> 근거

- 리처드 도킨스의 [이기적 유전자]라는 책은 한마디로 몽상가의 헛소리에 불과하다. (비판)
- 인간의 생각은 편협하다. 자신이 보고 싶은 것만 보기 때문이다. 그것을 프레임이라고 한다. '신이 없다'라고 하는 사람은 세상 전부를 관찰해도 그 사실만 더 확인할 뿐이다. (이유)
- 눈에 보이지 않는 고릴라라는 실험 결과가 이 사실을 입증해 준다. (근거)

대한민국 넘버원 책 쓰기 학교 김병완 칼리지

3년 1만 권 독서, 10년 100권 출간, 8년 500명 작가 배출 책 쓰기 학교

KIMBYOUNGWAN COLLEGE

설득력 있는 본문은
어떤 본문일까요?

KIMBYOUNGWAN COLLEGE

오랫동안 공부한 결과?

두 가지 조건을 충족
해야 가능하다.

대한민국 넘버원 책 쓰기 학교 김병완 칼리지

3년 1만 권 독서, 10년 100권 출간, 8년 500명 작가 배출 책 쓰기 학교

KIMBYOUNGWAN COLLEGE

설득력 있는 본문의 첫 번째 조건?

설득력 있는 본문이
되기 위해서는

5가지 요소가
있어야 한다.

KIMBYOUNGWAN.COLLEGE

(__) 컨설턴트의 의사 소통 절대 원칙 두 가지

1. 30초 안에 (　　)부터 논리정연하게
2. 문제 제기뿐만 아니라 반드시 (　　　)까지 제시할 것

KIMBYOUNGWAN COLLEGE

설득력 있는 본문의 5가지 요소?

1. (이유)와 (근거)라는 요소
2. (사례)라는 요소가 있어야 한다.
3. (강력한 제안) 요소
4. (핵심 메시지(결론))이라는 요소
5. (솔루션 = 방법)이라는 요소가 있어야 한다.

대한민국 넘버원 책 쓰기 학교 김병완 칼리지

3년 1만 권 독서, 10년 100권 출간, 8년 500명 작가 배출 책 쓰기 학교

KIMBYOUNGWAN COLLEGE

설득력 있는 본문의 두 번째 조건?

그 5가지 요소가
특별한 순서로
작성되어야 한다.

KIMBYOUNGWAN COLLEGE

설득력 있는 본문의 필요 충분 조건!

1. (핵심 메시지 (결론))를 먼저 주장한다.
2. 주장에 (이유)와 (근거)를 제시한다.
3. (사례)를 증명한다.
4. (솔루션)을 제공한다.
5. 핵심을 (거듭 주장과 더불어 반드시 강력한 제안을) 한다.

28

KIMBYOUNGWAN COLLEGE

누군가를
설득하기 위해
필요한 것은?

KIMBYOUNGWAN COLLEGE

설득하기 위한 최대의 전략

"당신이 나를 설득하고자
한다면 당신은 반드시
나의 생각을 생각하고,
나의 느낌을 느끼고,
나의 말을 말해야 한다."

로마시대의 정치가, 웅변가, 문학가, 철학자_ 마르쿠스 툴리우스 키케로

대한민국 넘버원 책 쓰기 학교 김병완 칼리지

3년 1만 권 독서, 10년 100권 출간, 8년 500명 작가 배출 책 쓰기 학교

KIMBYOUNGWAN.COLLEGE

설득하기 위한 최대의 전략

설득의 시작은 독자!
설득의 끝도 독자!

설득의 전부는 바로 독자!

KIMBYOUNGWAN.COLLEGE

책을 잘 쓰기 위한 최대의 전략

독자의 고민을 해결해 주고,
독자를 감동시켜 주고,
독자를 자극하라.

독자!

대한민국 넘버원 책 쓰기 학교 김병완 칼리지
3년 1만 권 독서, 10년 100권 출간, 8년 500명 작가 배출 책 쓰기 학교

KIMBYOUNGWAN COLLEGE

설득력 있는 본문을

누구나 쓸 수 있게 해주는

글쓰기 공식 혹은 툴을 만든다면?

KIMBYOUNGWAN COLLEGE

김병완 칼리지만의

글쓰기 公式

칼리지 라이팅 맵

대한민국 넘버원 책 쓰기 학교 김병완 칼리지

3년 1만 권 독서, 10년 100권 출간, 8년 500명 작가 배출 책 쓰기 학교

KIMBYOUNGWAN COLLEGE

김병완 칼리지만의 글쓰기 공식 (C.W.M : College Writing Map)이란?

글을 (설득력 있게) 쓰는 사람이 되도록 누구나, 초보자도 쉽게 혼자서 연습하고 훈련할 수 있게 해주는 칼리지만의 문장 쓰기 훈련 도구입니다.

35

KIMBYOUNGWAN COLLEGE

김병완 칼리지만의 칼리지 글쓰기 맵
(C.W.M : College Writing Map)
칼리지 글쓰기 맵 공식

M → R → C → H → A

36

대한민국 넘버원 책 쓰기 학교 김병완 칼리지

3년 1만 권 독서, 10년 100권 출간, 8년 500명 작가 배출 책 쓰기 학교

KIMBYOUNGWAN COLLEGE

김병완 칼리지만의 칼리지 글쓰기 맵 5단계는? (C.W.M : College Writing Map)

스텝 1. (메시지) 제시
스텝 2. (근거)와 (이유) 제시
스텝 3. (사례) 증명
스텝 4. (방법) 제시
스텝 5. (제안)과 (주장)

37

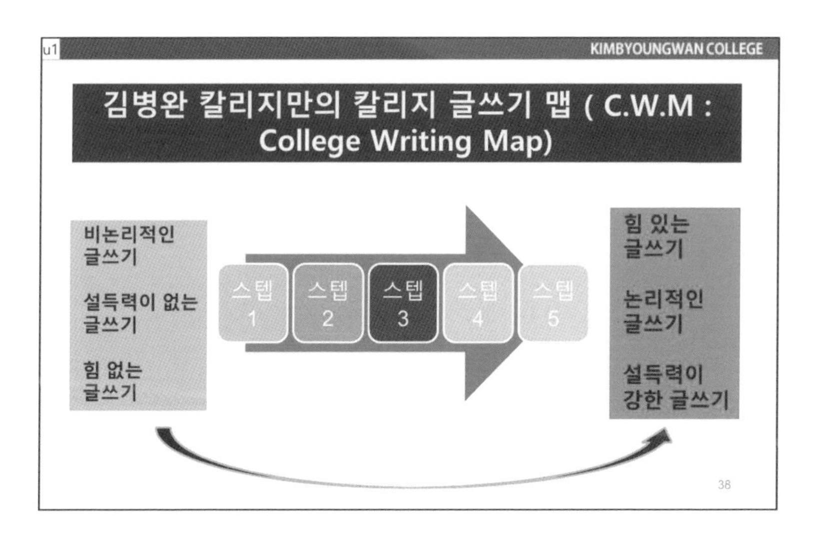

대한민국 넘버원 책 쓰기 학교 김병완 칼리지

3년 1만 권 독서, 10년 100권 출간, 8년 500명 작가 배출 책 쓰기 학교

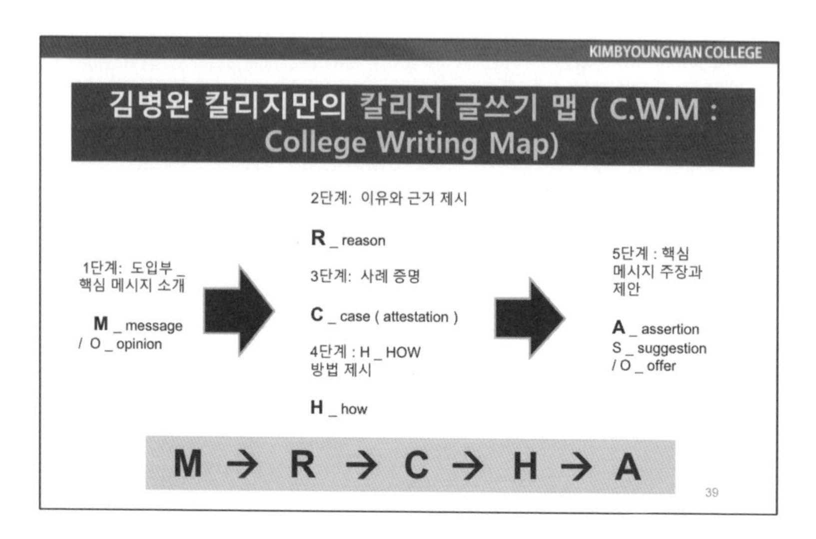

KIMBYOUNGWAN COLLEGE

김병완 칼리지만의 칼리지 글쓰기 맵 (C.W.M : College Writing Map)

스텝 1. (메시지(결론)) 제시

글쓰기는 최고의 자기계발이다.

40

대한민국 넘버원 책 쓰기 학교 김병완 칼리지

3년 1만 권 독서, 10년 100권 출간, 8년 500명 작가 배출 책 쓰기 학교

KIMBYOUNGWAN COLLEGE

김병완 칼리지만의 칼리지 글쓰기 맵 (C.W.M : College Writing Map)

스텝 2. (이유)와 (근거) 제시

사고력을 향상시키는 유일한 방법은 글쓰기이기 때문이다.

글쓰기는 논리적 사고와 표현력과 더불어 통찰력도 향상시키기 때문이다.

41

KIMBYOUNGWAN COLLEGE

김병완 칼리지만의 칼리지 글쓰기 맵 (C.W.M : College Writing Map)

스텝 2. (이유)와 (근거) 제시

전문 지식이 많은 사람이 성공하는 것이 아니라 그것을 잘 표현하고 논리적 사고력과 분석력, 통찰력이 뛰어난 사람이 성공한다.

42

대한민국 넘버원 책 쓰기 학교 김병완 칼리지

3년 1만 권 독서, 10년 100권 출간, 8년 500명 작가 배출 책 쓰기 학교

KIMBYOUNGWAN COLLEGE

김병완 칼리지만의 칼리지 글쓰기 맵 (C.W.M : College Writing Map)

스텝 3. (____) 증명

세계 최고의 대학인 하버드와 MIT
에서 가장 중요하게 생각하는
과목은
다름 아닌 글쓰기다.

43

KIMBYOUNGWAN COLLEGE

김병완 칼리지만의 칼리지 글쓰기 맵 (C.W.M : College Writing Map)

스텝 3. (____) 증명

하버드 대학교에서 글쓰기 능력이
있는 학생이 높은 학점을 받는다.
글쓰기 능력이 있는 사람은 졸업 후
사회에서도 성공하고 인정받는다.

44

대한민국 넘버원 책 쓰기 학교 김병완 칼리지
3년 1만 권 독서, 10년 100권 출간, 8년 500명 작가 배출 책 쓰기 학교

KIMBYOUNGWAN COLLEGE

김병완 칼리지만의 칼리지 글쓰기 맵 (C.W.M : College Writing Map)

스텝 4. (____) 제시

하루 1시간씩 책 쓰기 연습을 하고,
책 쓰는 습관을 기른다.

45

KIMBYOUNGWAN COLLEGE

김병완 칼리지만의 칼리지 글쓰기 맵 (C.W.M : College Writing Map)

스텝 5. (_____) 과 (____).

최고의 자기계발은 글쓰기다.

오늘부터 당장 글쓰기를 시작하라.

밥을 굶어도 글쓰기는 굶지 마라.

46

대한민국 넘버원 책 쓰기 학교 김병완 칼리지

3년 1만 권 독서, 10년 100권 출간, 8년 500명 작가 배출 책 쓰기 학교

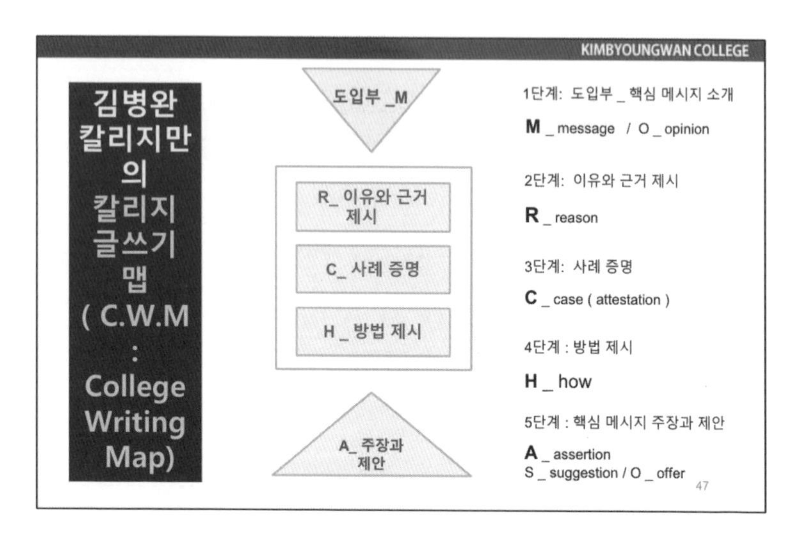

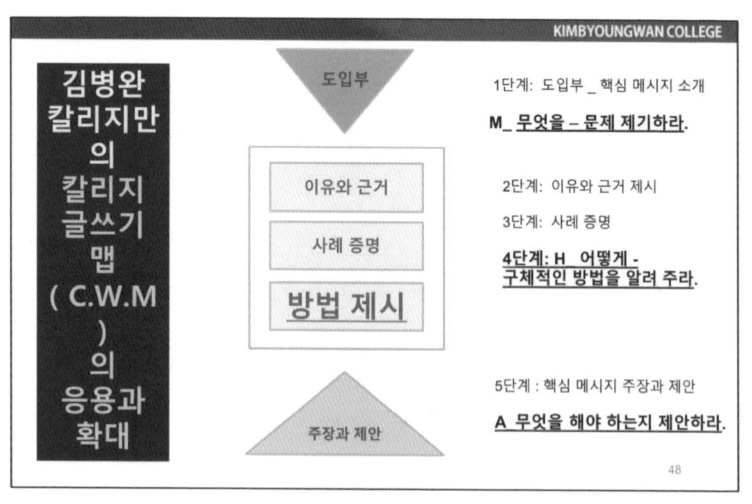

대한민국 넘버원 책 쓰기 학교 김병완 칼리지

3년 1만 권 독서, 10년 100권 출간, 8년 500명 작가 배출 책 쓰기 학교

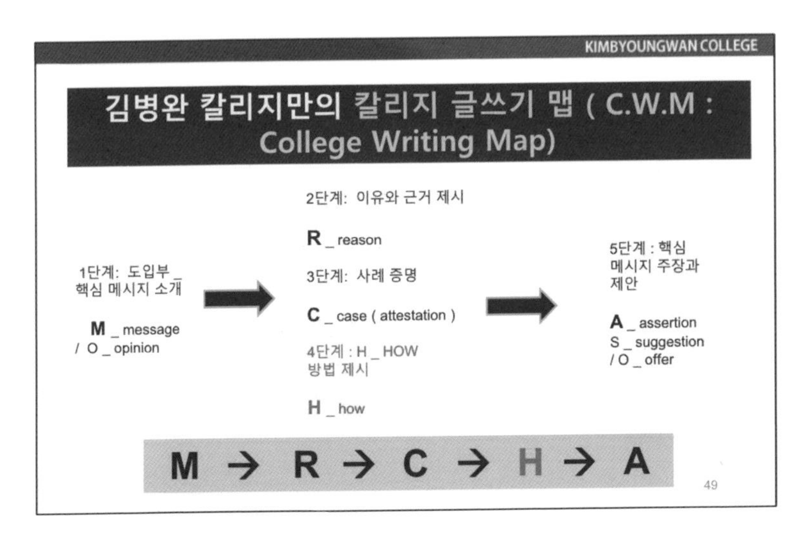

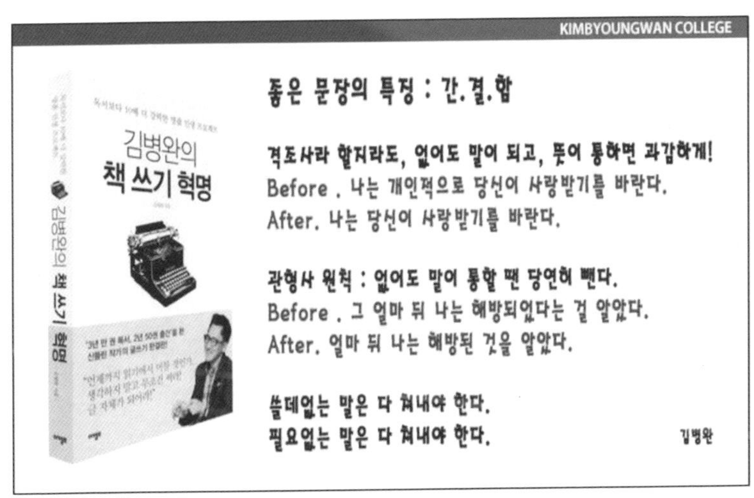

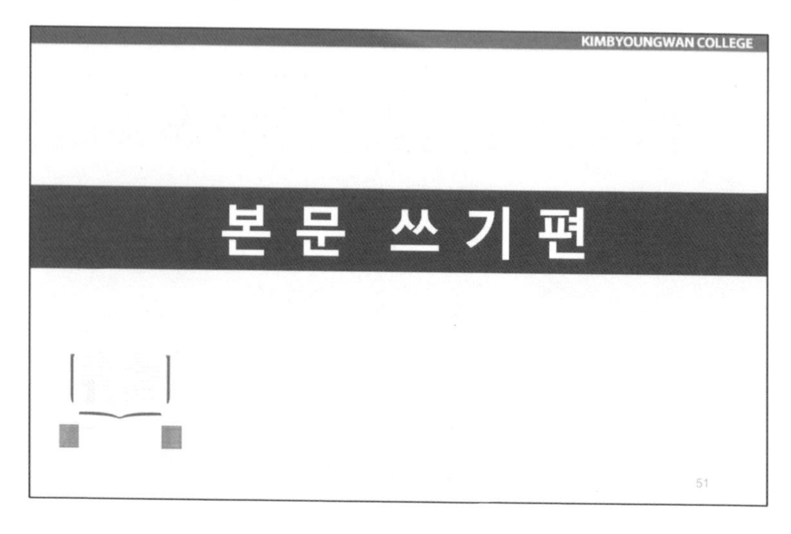
KIMBYOUNGWAN COLLEGE
본문 쓰기편
51

KIMBYOUNGWAN COLLEGE
첫 문장의 전략
(___)을
유발하라
52

대한민국 넘버원 책 쓰기 학교 김병완 칼리지

3년 1만 권 독서, 10년 100권 출간, 8년 500명 작가 배출 책 쓰기 학교

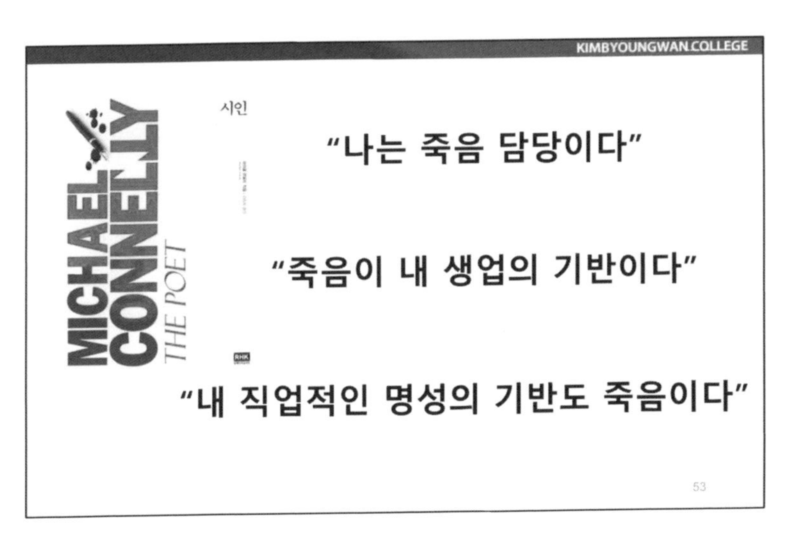

대한민국 넘버원 책 쓰기 학교 김병완 칼리지

3년 1만 권 독서, 10년 100권 출간, 8년 500명 작가 배출 책 쓰기 학교

KIMBYOUNGWAN.COLLEGE

문장방적술 적용 순서와 방법

1. 작게 쪼개서 글쓰기를 생각하라
2. 50개 ~ 70개의 작은 소목차로 나누어진 한 개 한 개를 개별적으로 생각해라.

55

KIMBYOUNGWAN.COLLEGE

문장방적술 적용 순서와 방법

3. 하나의 키워드, 하나의 주제를 뽑아내라.
4. 뽑아낸 키워드에 문장방적술을 적용하라.
5. 문장방적술이란? SECCT 확장 쓰기다.

56

대한민국 넘버원 책 쓰기 학교 김병완 칼리지

3년 1만 권 독서, 10년 100권 출간, 8년 500명 작가 배출 책 쓰기 학교

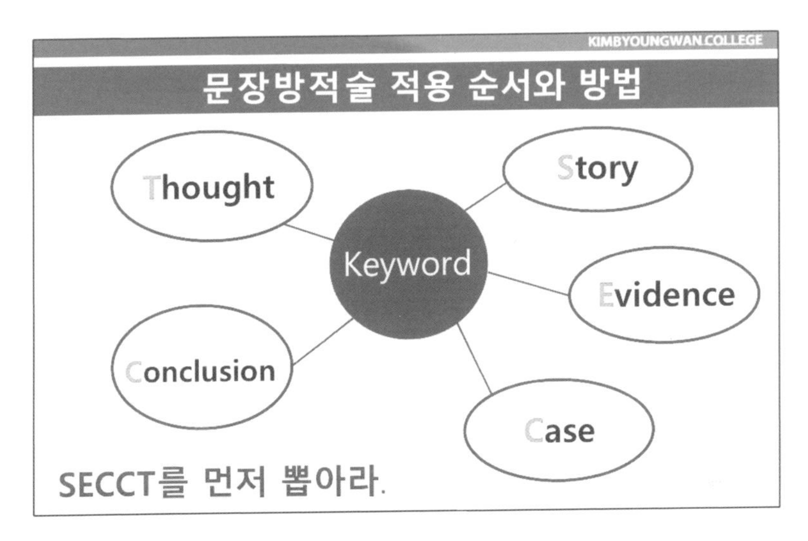

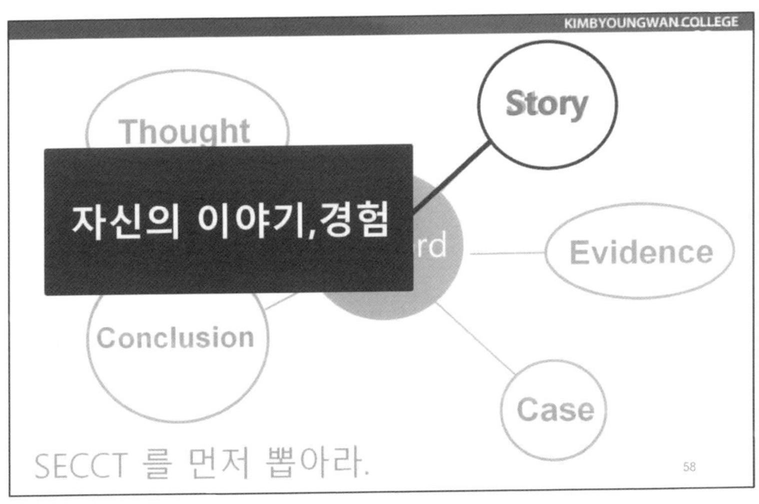

대한민국 넘버원 책 쓰기 학교 김병완 칼리지

3년 1만 권 독서, 10년 100권 출간, 8년 500명 작가 배출 책 쓰기 학교

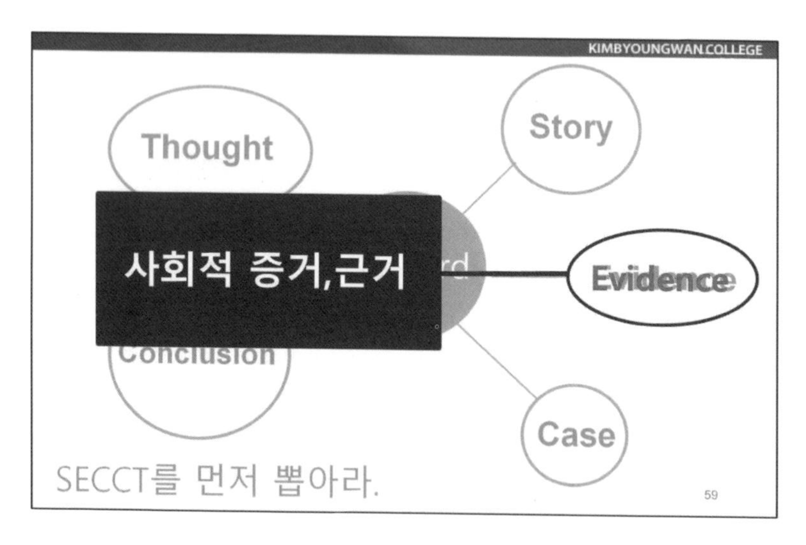

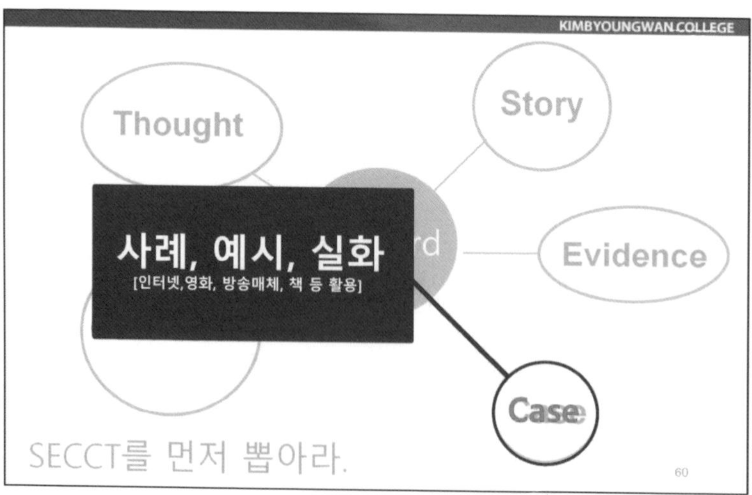

대한민국 넘버원 책 쓰기 학교 김병완 칼리지
3년 1만 권 독서, 10년 100권 출간, 8년 500명 작가 배출 책 쓰기 학교

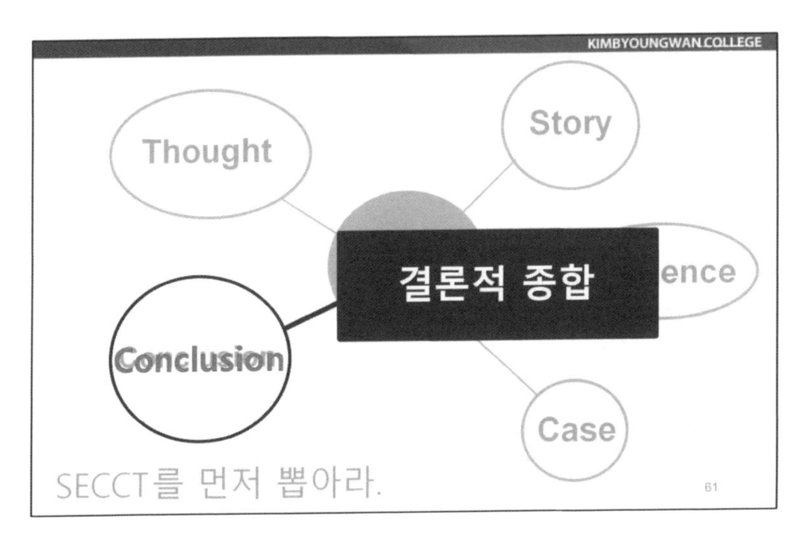

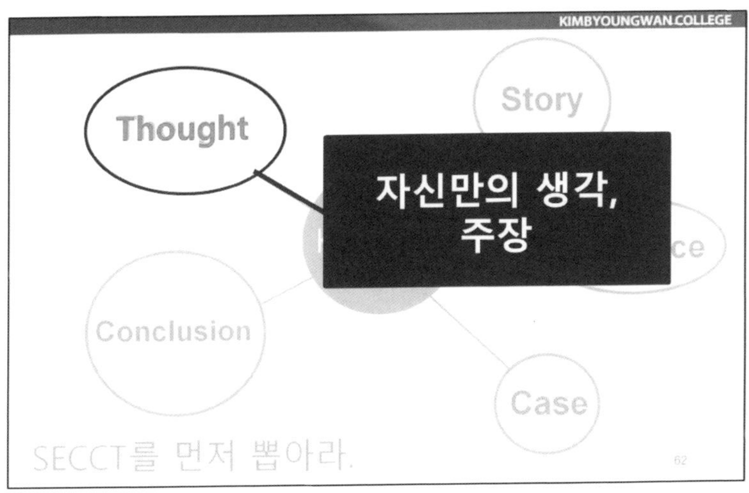

대한민국 넘버원 책 쓰기 학교 김병완 칼리지

3년 1만 권 독서, 10년 100권 출간, 8년 500명 작가 배출 책 쓰기 학교

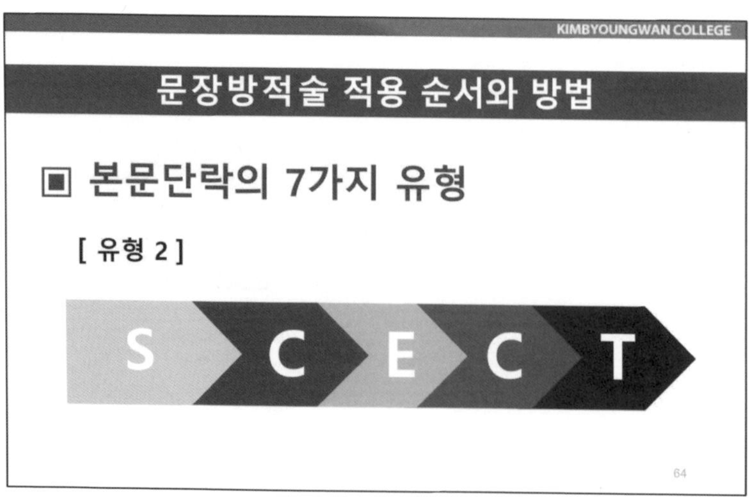

대한민국 넘버원 책 쓰기 학교 김병완 칼리지

3년 1만 권 독서, 10년 100권 출간, 8년 500명 작가 배출 책 쓰기 학교

KIMBYOUNGWAN.COLLEGE

문장방적술 적용 순서와 방법

8 문장방적술을 사용하여 한 권 분량의 책을 쓸 수 있다.

9 여러 가지 도구를 활용하는 법

- 책, 영화, 논문, 드라마, 다큐멘터리, 타인의 경험

10 책을 인용, 발췌하는 법

- 3가지 경우에 따라 다른 방법을 사용할 것 (Case / Story / Evidence)

KIMBYOUNGWAN.COLLEGE

최고의 본문 vs 최악의 본문

최고의 본문

독자를 자극하고, 독자를 움직이게 하고

독자를 만족시켜 주는 본문

66

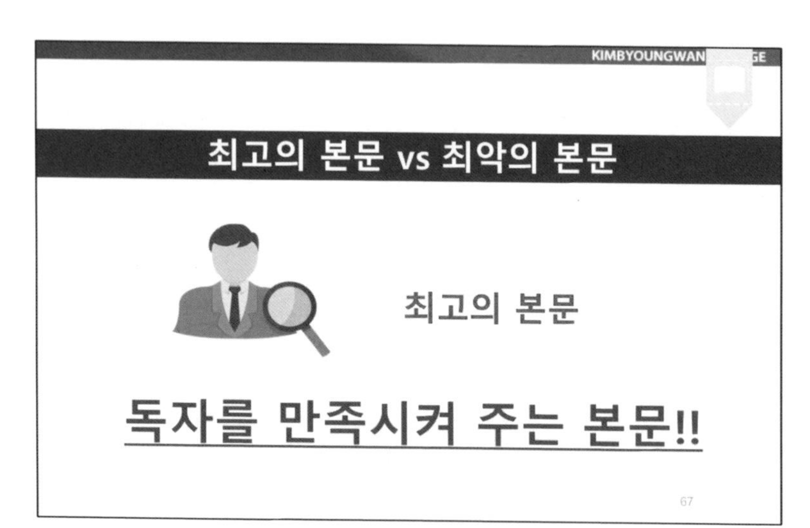
KIMBYOUNGWAN
최고의 본문 vs 최악의 본문
최고의 본문
독자를 만족시켜 주는 본문!!
67

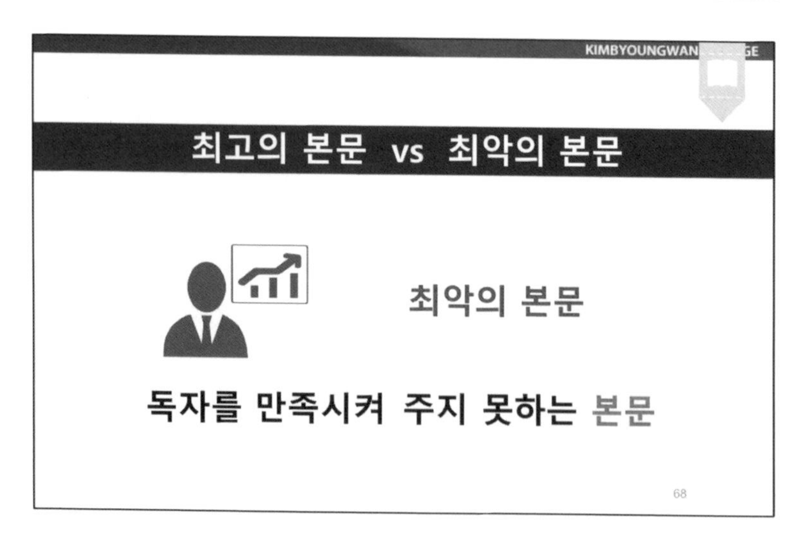
KIMBYOUNGWAN
최고의 본문 vs 최악의 본문
최악의 본문
독자를 만족시켜 주지 못하는 본문
68

대한민국 넘버원 책 쓰기 학교 김병완 칼리지

3년 1만 권 독서, 10년 100권 출간, 8년 500명 작가 배출 책 쓰기 학교

KIMBYOUNGWAN COLLEGE

좋은 본문은 세 가지로 결정된다

독자의 읽기

독자의 호기심

독자의 만족

69

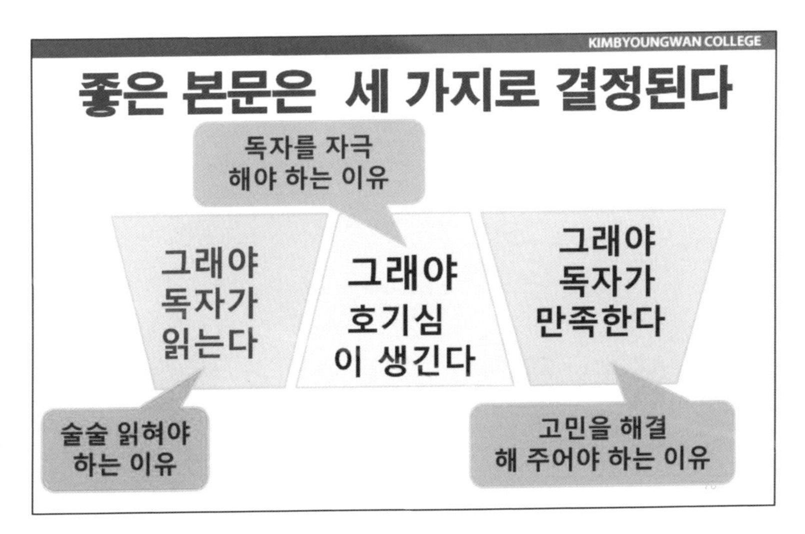

대한민국 넘버원 책 쓰기 학교 김병완 칼리지

3년 1만 권 독서, 10년 100권 출간, 8년 500명 작가 배출 책 쓰기 학교

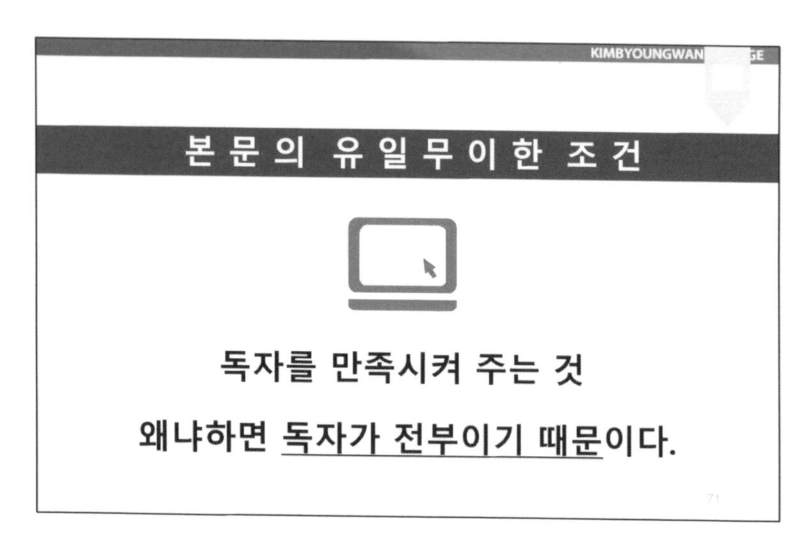

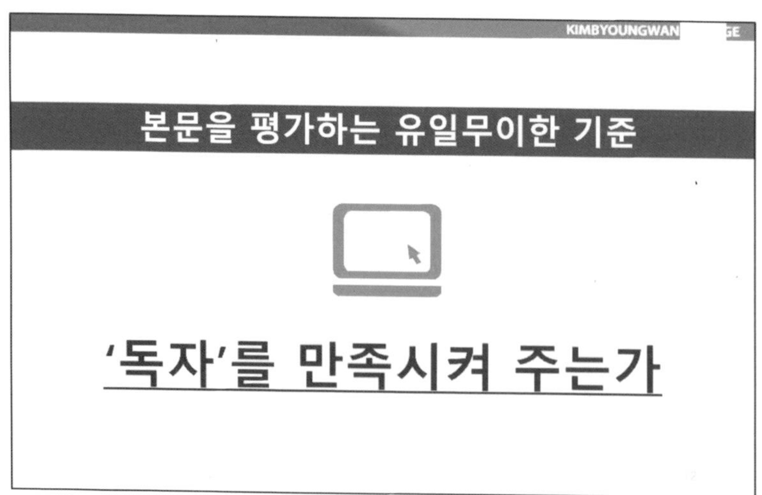

KIMBYOUNGWAN COLLEGE
실습 가이드 라인

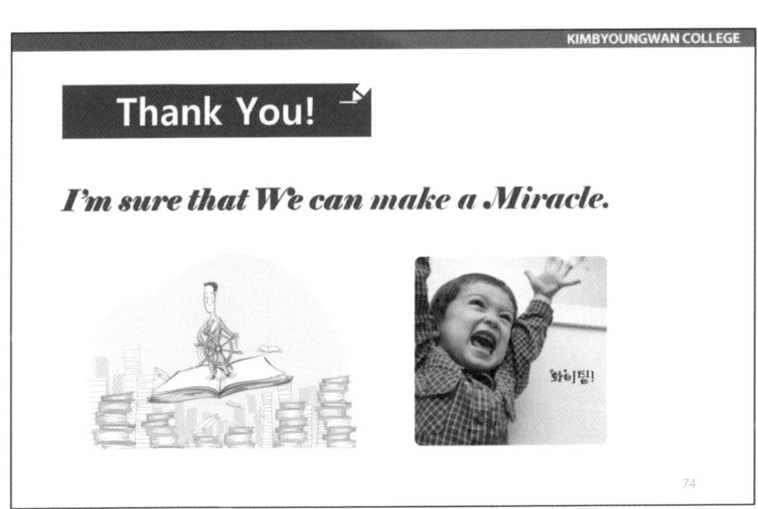
KIMBYOUNGWAN COLLEGE
Thank You!
I'm sure that We can make a Miracle.
화이팅!
74

[7주차: 원고 투고하기 II]

대한민국 넘버원 책 쓰기 학교 김병완 칼리지

3년 1만 권 독서, 10년 100권 출간, 8년 500명 작가 배출 책 쓰기 학교

김병완 작가의 책 쓰기 수업

저자되기 프로젝트

출판사 계약을 위한 7주 수업과정

• 1주차	**주제선정**	자기에게 가장 최적화된 주제 뽑기
• 2주차	**목차선정**	유혹하는 목차 작성법
• 3주차	**서문작성**	무엇을 말할 것인가? 독자를 사로잡는 서문 작성법
• 4주차	**본문작성**	어떻게 알릴 것인가? 눈길을 사로잡는 본문 작성법
• 5주차	**출간기획서 작성**	원고투고 출판사를 사로잡는 출간 기획서 작성법
• 6주차	**본문작성II**	원고 작성법과 본문 작성 요령
• 7주차	**출판사 원고투고**	어떻게 출판사와 계약할 것인가?

대한민국 넘버원 책 쓰기 학교 김병완 칼리지
3년 1만 권 독서, 10년 100권 출간, 8년 500명 작가 배출 책 쓰기 학교

대한민국 넘버원 책 쓰기 학교 김병완 칼리지

3년 1만 권 독서, 10년 100권 출간, 8년 500명 작가 배출 책 쓰기 학교

KIMBYOUNGWAN COLLEGE

출판사 원고 투고

5

KIMBYOUNGWAN COLLEGE

축하드립니다, 원고 투고를!

7주 동안 너무너무 수고
많으셨습니다.

출판사에 투고할 무엇인가를
무에서 유를 창조하셨습니다.

6

KIMBYOUNGWAN COLLEGE

출판사 원고 투고

7

KIMBYOUNGWAN COLLEGE

자신을 포장하라

절대 놓치고 싶지 않은 저자가 되어라.

단, 거짓말은 스스로 무덤을 파는 격이다.
언젠가는 드러난다.

(대학생 멘토, 명문대 재학 사실 허위 기록…
나중에 들통남)

8

대한민국 넘버원 책 쓰기 학교 김병완 칼리지

3년 1만 권 독서, 10년 100권 출간, 8년 500명 작가 배출 책 쓰기 학교

KIMBYOUNGWAN COLLEGE

프로답게 보여야 한다

치밀함, 깊이, 내공

9

KIMBYOUNGWAN COLLEGE

자신을 낮추는 말을 하지 마라

자신감, 겸손이 아니라 바보짓이다.

그렇다고 자기 자랑을 해서는 안 된다

오히려 숨겨라. 나중에 다른 채널을 통해 알게 되면 더 신뢰를 받게 된다.

10

대한민국 넘버원 책 쓰기 학교 김병완 칼리지

3년 1만 권 독서, 10년 100권 출간, 8년 500명 작가 배출 책 쓰기 학교

KIMBYOUNGWAN COLLEGE

원고 투고 이메일 포맷과 형식을 만들어 놓아라

앞으로 한 달에 수십 번 이상 사용할 것이다.

좋은 출판사 이메일 주소와 편집자 주소 등을 확보해 놓아라

자신의 컴퓨터에 저장해 놓기

11

KIMBYOUNGWAN COLLEGE

원고 투고 내역을 철저하게 관리하라

무성의한 출판사에 투고를 하지 마라.

원고 투고 후 답장을 기다리지 마라

그 시간에 글을 다듬고, 생산적인 일을 하라.

12

대한민국 넘버원 책 쓰기 학교 김병완 칼리지

3년 1만 권 독서, 10년 100권 출간, 8년 500명 작가 배출 책 쓰기 학교

KIMBYOUNGWAN COLLEGE

출판사의 거절 메일에 절대 좌절하지 마라!

실패는 성공의 또 다른 이름

13

KIMBYOUNGWAN COLLEGE

출판사의 거절 이유는?

거절의 이유는 수백 가지 중 하나일 뿐이다.

1. 출판사가 더 이상 책을 출간할 여력이 없을 때
2. 비슷한 내용의 책을 출간 준비할 때
3. 출판사의 주제와 맞지 않을 때
4. 출판사의 시장 조사와 맞지 않을 때
5. 편집자는 ok했는데, 대표가 반대할 때
6. 출판사가 눈이 멀었을 때
7. 편집자들이 멍청할 때

14

대한민국 넘버원 책 쓰기 학교 김병완 칼리지

3년 1만 권 독서, 10년 100권 출간, 8년 500명 작가 배출 책 쓰기 학교

KIMBYOUNGWAN COLLEGE

출판사 원고 투고 팁

끝날 때까지 멈추지 마세요.

계약될 때까지 투고를 하고 또 하세요.

15

KIMBYOUNGWAN COLLEGE

출판사 리스트는 여러분의
시간과 에너지를
절약시켜 주는
칼리지의 선물입니다.

16

대한민국 넘버원 책 쓰기 학교 김병완 칼리지
3년 1만 권 독서, 10년 100권 출간, 8년 500명 작가 배출 책 쓰기 학교

KIMBYOUNGWAN COLLEGE

출판사 리스트를 절대 제3자에게 유출하지 마세요.

칼리지의 자산입니다.

17

KIMBYOUNGWAN COLLEGE

출판사 원고 투고 팁

절대 원고 투고를 멈추지 말 것….

끝날 때까지 끝난 것이 아니다!!!!

왜!!! 그렇게 쉽게 포기하는가?

18

KIMBYOUNGWAN COLLEGE

출판사 원고 투고 요령

본인의 최종 코칭 게시글에 숨겨진 출판사 리스트 파일을 1차적으로 원고 투고할 것

다음 날부터 추가로 동기들의 게시글에 숨겨진 출판사에 원고 투고를 순차적으로 할 것

19

KIMBYOUNGWAN COLLEGE

출판사 원고 투고 요령

원고 투고 메일 작성 요령!

- 개인별 체크
- 한 번에 50개씩
- 원고 투고 제목 작성
- 본문 내용 간단 명료하게 작성

20

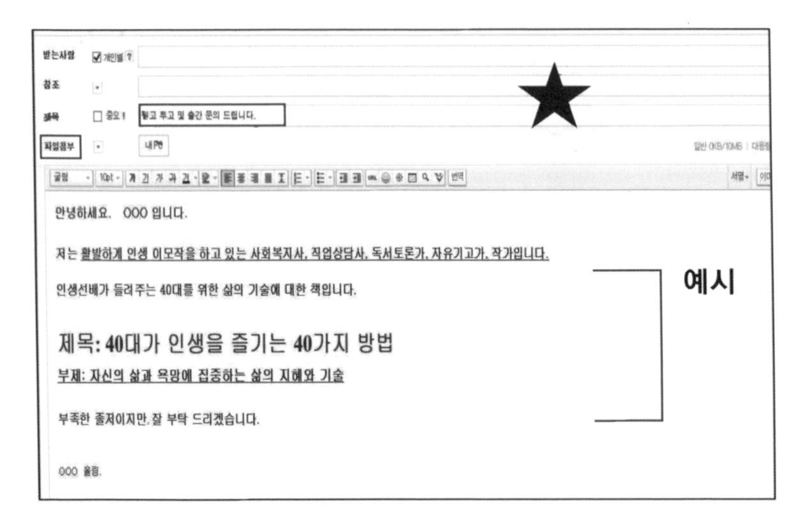

받는사람
개인별
참조
제목
중요!
원고 투고 및 출간 문의 드립니다.
파일첨부
내PC
안녕하세요. OOO 입니다.
저는 활발하게 인생 이모작을 하고 있는 사회복지사, 직업상담사, 독서토론가, 자유기고가, 작가입니다.
인생선배가 들려주는 40대를 위한 삶의 기술에 대한 책입니다.
제목: 40대가 인생을 즐기는 40가지 방법
부제: 자신의 삶과 욕망에 집중하는 삶의 지혜와 기술
부족한 졸저이지만, 잘 부탁 드리겠습니다.
OOO 올림.
예시

KIMBYOUNGWAN COLLEGE
출판사 선정 팁
22

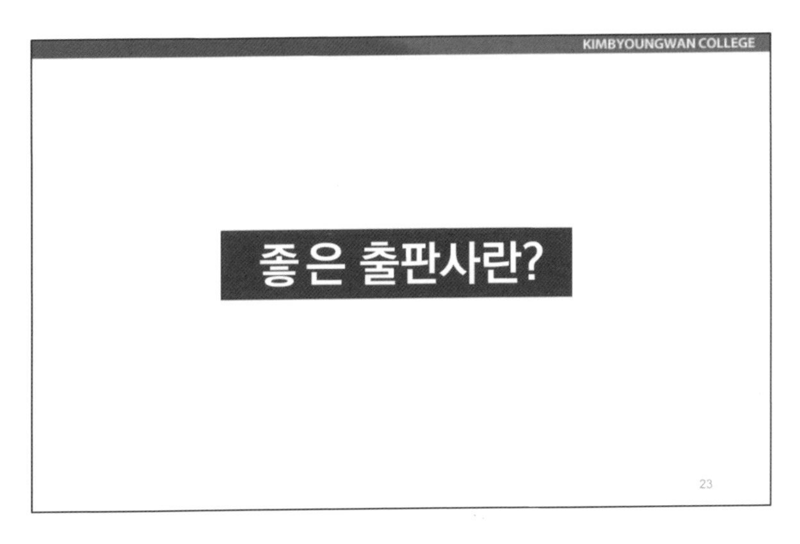
KIMBYOUNGWAN COLLEGE
좋은 출판사란?
23

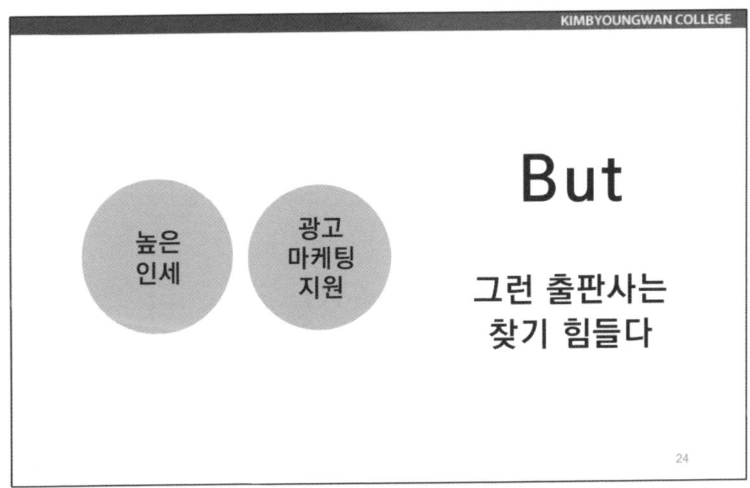
KIMBYOUNGWAN COLLEGE
높은 인세
광고 마케팅 지원
But
그런 출판사는 찾기 힘들다
24

대한민국 넘버원 책 쓰기 학교 김병완 칼리지

3년 1만 권 독서, 10년 100권 출간, 8년 500명 작가 배출 책 쓰기 학교

KIMBYOUNGWAN COLLEGE

자신의 책처럼 아껴 주는 출판사!!

저자와의 저작권에 문제없는

저자의 마음을 이해해 주는

저자의 원고에 진심으로 관심을 갖는 출판사!

25

KIMBYOUNGWAN COLLEGE

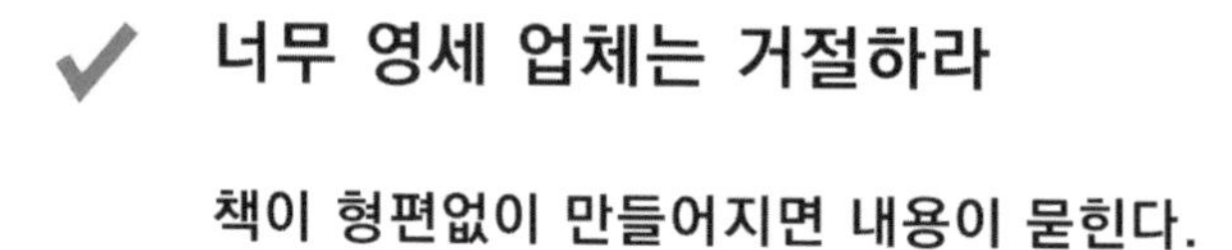

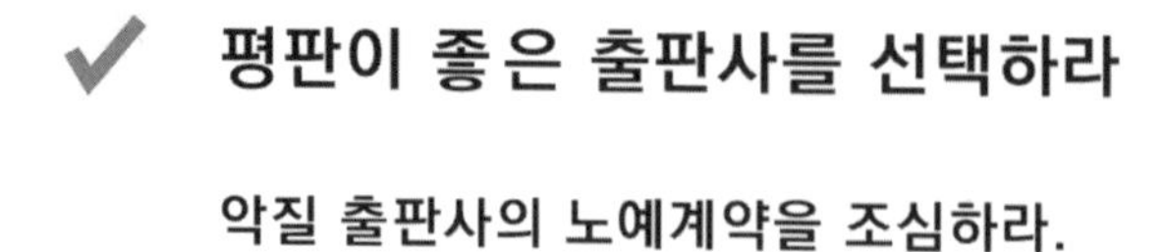

26

대한민국 넘버원 책 쓰기 학교 김병완 칼리지

3년 1만 권 독서, 10년 100권 출간, 8년 500명 작가 배출 책 쓰기 학교

KIMBYOUNGWAN COLLEGE

일반적인 계약 조건

계약금: 50만 원~100만 원
인세 : 6~10% 정도

계약 내용을 숙지하고, 이해 안 되는 부분은 칼리지와 상담할 것

27

KIMBYOUNGWAN COLLEGE

계약과 출간과 관련한

Q & A !

28

대한민국 넘버원 책 쓰기 학교 김병완 칼리지

3년 1만 권 독서, 10년 100권 출간, 8년 500명 작가 배출 책 쓰기 학교

KIMBYOUNGWAN COLLEGE

팩트체크: 대한민국 넘버원 책 쓰기 학교 김병완 칼리지 ^^

1. 다수 베스트셀러 작가 배출
2. 출신 작가들의 책 판매량이 업계 1위
3. 500명 이상 정식 수업 참여
4. 수강생 출간도서 300~500권 돌파!

29

KIMBYOUNGWAN COLLEGE

수업 종료 후 미션: 3개월마다 새로운 주제로 원고 투고 하기

1. 3개월마다 새로운 주제로 출간기획서 작성
2. 원고 투고 하기
3. 또 3개월마다 새로운 주제로 원고 투고 하기
4. 10번 찍어서 안 넘어 가는 나무 없다
5. 쉽게 포기하거나 멈추지 않기

30

대한민국 넘버원 책 쓰기 학교 김병완 칼리지

3년 1만 권 독서, 10년 100권 출간, 8년 500명 작가 배출 책 쓰기 학교

KIMBYOUNGWAN COLLEGE

수업 종료 후 미션: 3개월마다 새로운 주제로 원고 투고 하기

수업 종료 후가 더 중요합니다.

3개월마다 지속해서 원고 투고 하는 것이 습관이 되면 5년 후 정말로 5권 이상의 책을 출간하게 됩니다.

31

KIMBYOUNGWAN COLLEGE

수업 종료 후 계약에만 목을 매면 절대 안 됩니다.

새로운 주제로 두 번째 책 원고 투고를 하시고 또 3개월 동안 세 번째 책 원고 투고를 하시면서 배운 내용을 익혀야 합니다.

32

대한민국 넘버원 책 쓰기 학교 김병완 칼리지

3년 1만 권 독서, 10년 100권 출간, 8년 500명 작가 배출 책 쓰기 학교

KIMBYOUNGWAN COLLEGE

수업의 진정한 가치는 한 권 출간이 아니라

지속적으로 계속 책을 쓰고, 투고하게 해드리는 것이 진정한 가치입니다.

책 쓰기와 무관했던 사람이 지속적으로 책을 쓸 수 있게 되는 것입니다.

33

KIMBYOUNGWAN COLLEGE

수업 종료 후에 격차가 벌어집니다.

수업 종료 후에 더 이상 책 쓰기를 하지 않는 사람과 지속적으로 계속 책 쓰기를 하는 사람의 격차는 엄청납니다.

세상에 공짜는 없습니다. 개인 노력에 따라 수업 성과가 진짜 달라집니다.

34

대한민국 넘버원 책 쓰기 학교 김병완 칼리지
3년 1만 권 독서, 10년 100권 출간, 8년 500명 작가 배출 책 쓰기 학교

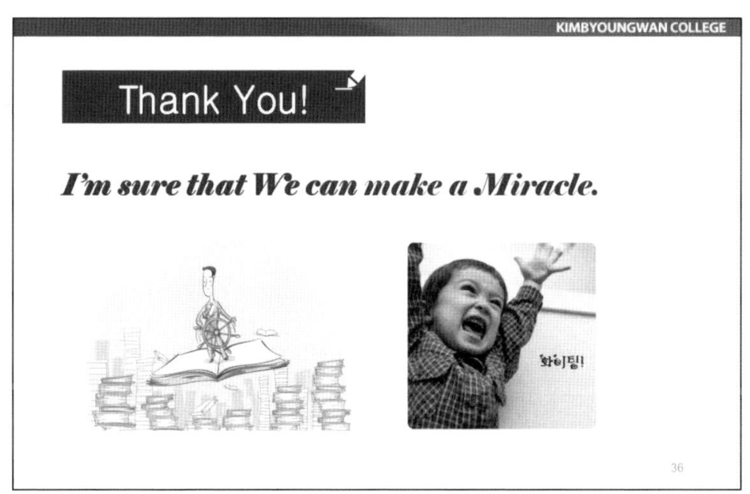

부록 2

PPT 수록
십계명
문장 쓰기

김병완 칼리지

대한민국 넘버원 책 쓰기 학교 김병완 칼리지

3년 1만 권 독서, 10년 100권 출간, 8년 500명 작가 배출 책 쓰기 학교

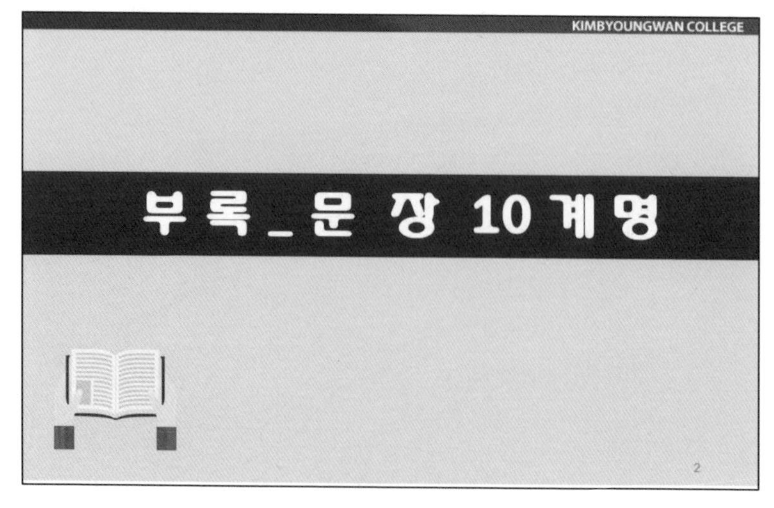

대한민국 넘버원 책 쓰기 학교 김병완 칼리지

3년 1만 권 독서, 10년 100권 출간, 8년 500명 작가 배출 책 쓰기 학교

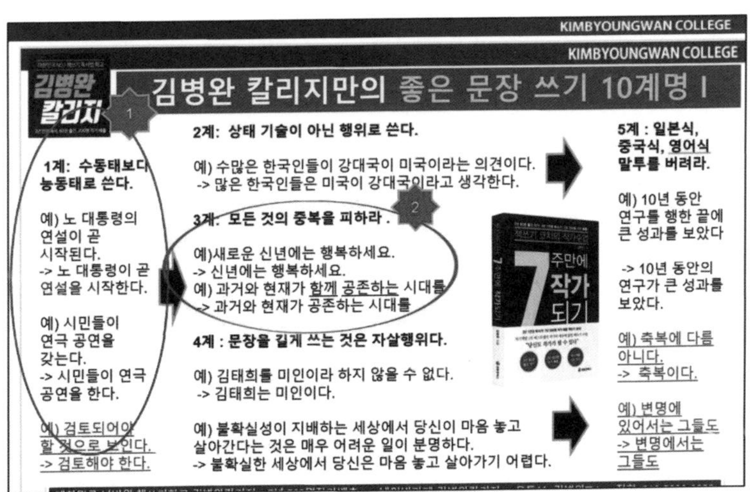

대한민국 넘버원 책 쓰기 학교 김병완 칼리지

3년 1만 권 독서, 10년 100권 출간, 8년 500명 작가 배출 책 쓰기 학교

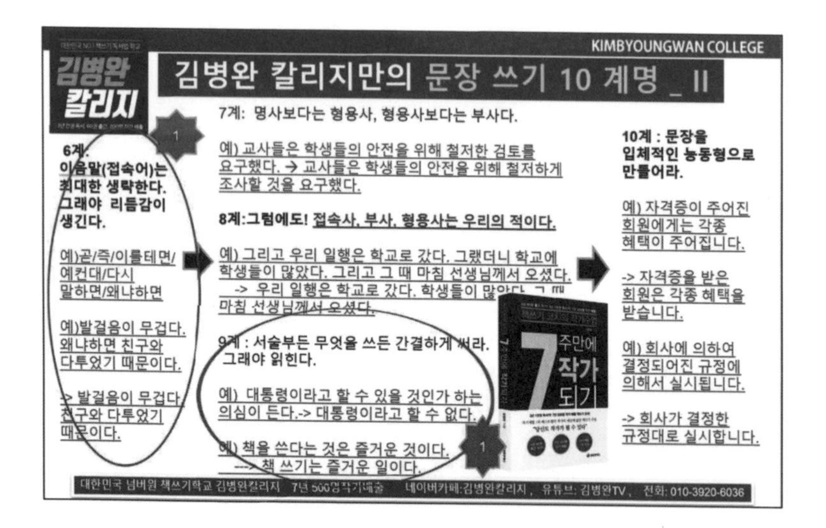

KIMBYOUNGWAN COLLEGE

10계명 중 가장 중요한 계명

1계명:수동태가 아닌 능동태로 써라.

대통령의 연설이 곧 시작된다

→

6

KIMBYOUNGWAN COLLEGE

10계명 중 가장 중요한 계명

1계명:수동태가 아닌 능동태로 쓰라.

대통령의 연설이 곧 시작된다

→ 대통령이 곧 연설을 시작한다.

7

KIMBYOUNGWAN COLLEGE

10계명 중 가장 중요한 계명

3계명: 모든 것의 중복을 피하라.

간단히 요약하면 독서는 반드시 필요한 것이다. →

8

대한민국 넘버원 책 쓰기 학교 김병완 칼리지

3년 1만 권 독서, 10년 100권 출간, 8년 500명 작가 배출 책 쓰기 학교

KIMBYOUNGWAN COLLEGE

10계명 중 가장 중요한 계명

3계명: 모든 것의 중복을 피하라.

간단히 요약하면 독서는 반드시 필요한 것이다.

→ 요약하면 독서는 필요한 것이다.

9

KIMBYOUNGWAN COLLEGE

10계명 중 가장 중요한 계명

6계명:접속어를 최대한 생략한다.

발걸음이 무겁다. 왜냐하면 친구와 다투었기 때문이다.

→

10

KIMBYOUNGWAN COLLEGE

10계명 중 가장 중요한 계명

6계명:접속어를 최대한 생략한다.

발걸음이 무겁다. 왜냐하면 친구와 다투었기 때문이다.

→ 발걸음이 무겁다. 친구와 다투었다.

11

KIMBYOUNGWAN COLLEGE

10계명 중 가장 중요한 계명

9계명:무엇을 쓰든 간결하게 쓰라.

책을 쓴다는 것은 즐거운 것이다.
→

12

대한민국 넘버원 책 쓰기 학교 김병완 칼리지

3년 1만 권 독서, 10년 100권 출간, 8년 500명 작가 배출 책 쓰기 학교

KIMBYOUNGWAN COLLEGE

10계명 중 가장 중요한 계명

9계명:무엇을 쓰든 간결하게 쓰라.

책을 쓴다는 것은 즐거운 것이다.

→ 책 쓰기는 즐거운 일이다.

13

KIMBYOUNGWAN COLLEGE

문장 쓰기의 실제 사례

최종 점검

고수가 될 수 있는 가능성이 얼마나 되는 걸까?

→

15

KIMBYOUNGWAN COLLEGE

문장 쓰기의 실제 사례

고수가 될 수 있는 가능성이 얼마나 되는 걸까?

→ 고수가 될 가능성이 얼마나 되는 걸까?

16

대한민국 넘버원 책 쓰기 학교 김병완 칼리지
3년 1만 권 독서, 10년 100권 출간, 8년 500명 작가 배출 책 쓰기 학교

KIMBYOUNGWAN COLLEGE

문장 쓰기의 실제 사례

최종 점검

당신이 느낄 수 있었던 불안은
사건의 중대성 때문이다.

→

17

KIMBYOUNGWAN COLLEGE

문장 쓰기의 실제 사례

당신이 느낄 수 있었던 불안은
사건의 중대성 때문이다.

→ 당신이 느낀 불안은 사건의
중대성 때문이다.

18

KIMBYOUNGWAN COLLEGE

문장 쓰기의 실제 사례

최종 점검

세상으로부터 단절되어 있는 부족 국가들

→

19

KIMBYOUNGWAN COLLEGE

문장 쓰기의 실제 사례

세상으로부터 단절되어 있는 부족 국가들

→ 세상과 단절된 부족국가들

20

책 쓰기 학교 수업 교재 2탄

누구보다 쉽게 책 쓰는 법

초판 인쇄 2020년 10월 13일
초판 발행 2020년 10월 20일

지은이 김병완
발행인 (주)플랫폼연구소 | **출판등록** 제 2020-000075 호

전화 010-3920-6036 / 02-556-6036 | **팩스** 050-4227-6427
이메일 pflab2020@naver.com

주소 서울특별시 강남구 역삼로 220 홍성빌딩 1층

ISBN 979-11-970672-7-3 (03010)